« AUSCHWITZ EN HÉRITAGE »

DE KARLSBAD À AUSCHWITZ,
ITINÉRAIRE D'UNE JEUNE FILLE DANS L'ENFER DE LA SHOAH

RUTH FAYON
PATRICK VALLÉLIAN

« AUSCHWITZ EN HÉRITAGE »

DE KARLSBAD À AUSCHWITZ,
ITINÉRAIRE D'UNE JEUNE FILLE DANS L'ENFER DE LA SHOAH

ÉDITIONS ALPHIL

© Éditions Alphil, 2012 (1re édition, Éditions Delibreo, 2009)
Case postale 5
2002 Neuchâtel 2
Suisse

Réimpression janvier 2013

www.alphil.ch

ISBN 978-2-940489-06-0

Photographie de couverture : Ruth Fayon, née Pinczowsky,
avec son violon. Prague, vers 1940-41.

Photographie de 4e de couverture : Patrick Vallélian par
Michael von Graffenried, www.mvgphoto.com

Responsable d'édition : Alain Cortat

Graphisme et mise en page : www.nusbaumer.ch

À Moni, mon mari,
à Ilana, Sam et Luc, mes enfants,
et à mes petits-enfants.

AVANT-PROPOS

LE TÉMOIGNAGE DE RUTH FAYON
NOUS L'ORDONNE

« Quand j'ai débarqué à Auschwitz, j'avais 15 ans. » Phrase simple, phrase terrible, impossible à prononcer durant plus de 30 ans. À l'âge des premières amours, Ruth Fayon commence, selon sa propre expression, sa « danse avec la mort ». Ce livre est un témoignage, témoignage de l'horreur, de l'indicible qu'il faut pourtant dire et répéter encore, contre toutes les formes d'amnésie qui préfèrent pour une raison ou une autre le silence ou le mensonge à la vérité.

Rompre le silence, son propre silence : Ruth Fayon a connu le chemin douloureux que d'autres ont emprunté avant elle, celui qui mène de l'enfer à sa mise en récit, le long chemin du mal et de la mort vers la vie et la parole. Aujourd'hui, Ruth Fayon suit les pas des indispensables voix qui impriment à nos consciences la réalité du mal, celui qui appartient à l'histoire, aux films d'archives en noir et blanc hantés par les corps anéantis, mais aussi le mal quotidien, ici-bas, contre lequel la vigilance est toujours de mise.

Primo Levi, Jean Améry, Piera Sonnino, d'autres encore, Ruth Fayon désormais, nous racontent une histoire qui est d'abord la leur, mais qui est aussi une histoire universelle et intemporelle, celle de la destruction de l'homme par l'homme, l'histoire de la haine et de la mort. Une histoire qui est aussi celle de la vie, de la force de la vie, de l'espoir, la possibilité de survivre à l'anéantissement, de se survivre à soi-même. Entre 1938 et 1945, de Karlsbad à Prague, de Theresienstadt à Auschwitz, des chantiers esclavagistes de Hambourg à Bergen-Belsen, nous suivons le parcours d'une adolescente emportée dans l'entreprise de destruction des juifs d'Europe. Un corps d'adolescente violenté par la faim, la peur, le froid, la maladie, la vision quotidienne de la folie meurtrière, de l'anéantissement de l'humanité.

Un corps frêle qui devient sous nos yeux un monument de douleur. 71501, 71502, 71503, 849, 794, 850, 356, BIb, BIIa, BIIc : numéros tatoués sur le bras, numéros de déportés, abréviations des camps, la douleur nazie est méthodique, rationnelle. Chaque numéro, chaque abréviation est une station dans le processus industriel de dégradation que nous raconte Ruth Fayon. Sa propre dégradation, celle de l'homme. Elle nous dit tout : la puanteur, la boue, la crasse, les parasites, la violence inouïe, la douleur incessante, l'incroyable capacité de survivre. Et même l'étonnante sollicitude d'une SS, à Hambourg, à qui la mère de Ruth doit la vie.

Quand le bourreau devient un ange gardien, dans un monde où les frontières entre le bien et le mal se sont dissoutes. Elle nous dit tout, même si elle sait qu'une part irréductible de cette expérience universelle et si particulière à la fois est impossible à comprendre tout à fait pour ceux qui ne l'ont pas vécue. Revenir d'entre les morts se paie du prix de la solitude. Lutter contre cette sorte de solitude, voilà le dernier combat de Ruth Fayon. Lutter en témoignant sans relâche, comme elle l'a fait voilà plus de 30 ans pour la première fois, dans la classe de son fils dont j'étais alors le professeur.

C'est faire le pari de la vie, celui de l'espoir. Ruth Fayon avoue que sa plus grande victoire sur Hitler, c'est la naissance de ses enfants. En témoignant sur la Shoah depuis de nombreuses années, et aujourd'hui avec ce livre, Ruth Fayon augmente le nombre de ses enfants, dont je suis; elle se constitue une famille toujours plus grande, une famille universelle douée d'une responsabilité morale qui, lorsqu'une adolescente est brisée par la folie des hommes, empêche pour toujours de répondre: « nous ne savions pas ». Rwanda, Bosnie: le témoignage de Ruth Fayon n'est pas seulement l'expression de la mémoire meurtrie qui ferait inlassablement retour sur une histoire passée et définitivement close. Il est le guetteur imparable de nos faiblesses, de nos lâchetés face aux drames contemporains, la vieille morale qui interdit que nous regardions ailleurs quand sous nos yeux des hommes massacrent d'autres hommes.

Arrivée à Genève à la fin des années 1950, Ruth Fayon rappelle enfin ce que notre ville doit aux femmes et aux hommes de sa stature. Genève, ville de refuge, a depuis des siècles vocation à accueillir celles et ceux qui ont fui la violence des hommes, sous toutes ses formes, économiques ou politiques. Elle s'est construite de leur courage, de leur expérience, de leurs idéaux humanistes, de leur formidable force de vie. Siège de nombreuses organisations internationales, elle est un lieu privilégié où se conserve la mémoire des atrocités dont l'histoire récente et moins récente offre tant d'exemples révoltants; où l'espoir d'empêcher d'autres atrocités de se produire doit rester vivant. Le témoignage de Ruth Fayon nous l'ordonne.

Manuel Tornare
Conseiller National
Ancien Maire de la ville de Genève

Préface

Une grande dame

Le 16 mai 2006, au palais Eynard, siège de la mairie de Genève, Ruth Fayon a reçu la médaille « Genève reconnaissante » des mains du maire, son « fils », Manuel Tornare.

Le siècle est passé, le millénaire également depuis ces années d'horreurs vécues par des millions d'innocents, hommes, femmes et enfants, pour beaucoup exterminés parce qu'ils ne répondaient pas aux lois raciales de l'Allemagne nazie.

Ils ne sont plus qu'une poignée pour témoigner, raconter inlassablement ce qu'ils ont vu, vécu et subi. Sauvés miraculeusement des griffes de leurs bourreaux, ils se sont imposé un devoir de mémoire au nom de ceux qui ont été exterminés, de ceux qui ont tant souffert, de ceux qui ne sont plus là parce qu'ils sont morts depuis.

Leur histoire s'adresse en premier lieu aux jeunes pour qu'ils sachent, qu'ils se souviennent et qu'ils transmettent dans l'espoir, hélas si souvent détrompé, que l'Humanité ne vive plus de telles dérives.

Ruth Fayon au travers de son histoire est l'un de ces précieux témoins. Son récit, empreint de la sensibilité, de la force et de l'esprit qu'on lui connaît, raconte avec émotion ce que furent sa vie et celle de sa famille dès l'invasion allemande de la Tchécoslovaquie, son internement en camp de concentration, sa résurrection après la Libération mais aussi ce que lui rappelle toujours au quotidien le numéro indélébile qu'elle porte à son bras.

C'est le récit de celle qui était alors une petite fille et qui, grand-mère, pleine de tendresse, de sagesse et de noblesse, a voué toute son énergie et son cœur à raconter sereinement une page tragique de l'histoire que d'autres voudraient tronquer, contester ou oublier.

Ami de longue date de Ruth Fayon et ayant œuvré de nombreuses années à ses côtés, mes lignes ne sont qu'un modeste avant-propos de l'enseignement que nous livre cette grande dame, dont l'immense personnalité exemplaire force le respect de tous.

Une grande leçon de courage, de modestie et d'amour !

Alain Köstenbaum
Avocat à Genève

Introduction

« C'est quoi ce numéro... »

J'approchais de la douane franco-suisse de Genève au volant de ma voiture. Dans le ciel de cet été 1965, un avion de ligne glissait lentement vers l'aéroport de Cointrin tout proche. Bien cachée derrière mes lunettes de soleil, j'observais le spectacle et je me disais que je devrais retourner bientôt en Israël pour voir ma famille, surtout ma mère Rondla. À 70 ans, sa santé était chancelante.

La radio jouait un concerto de violon. Et je rêvassais en suivant la voiture qui me précédait. Je revenais de France voisine où je me rendais à l'occasion pour faire quelques achats. Les prix y étaient bien moins élevés qu'à Genève où mon mari Moni et moi habitions depuis 1959. Notre fille Ilana y était née cette année-là. Nos fils jumeaux Sam et Luc trois ans plus tard. J'étais heureuse. J'avais 37 ans. J'avais tout : une famille, des amis, une maison, un époux qui m'aimait, trois enfants adorables.

À la hauteur du douanier suisse, j'ai immobilisé mon véhicule. L'homme était posé là comme un « i ». Bien à l'abri sous l'auvent du poste de la frontière suisse, il m'avait priée de m'arrêter en levant sa main droite. Comme s'il avait hélé un taxi. J'avais obéi. «Vos papiers et ceux du véhicule s'il vous plaît», m'a demandé le fonctionnaire, dont l'accent lent et pesant trahissait ses origines du Gros de Vaud. Son regard était sec et sérieux.

Son visage rond et potelé. Son ventre, aussi gros que celui d'une femme enceinte de sept mois, tendait les coutures de son uniforme gris clair et lui donnait des airs de barrique. J'étais en règle. Je ne m'inquiétais pas. Je lui ai souri quand je lui ai tendu les documents. Lui ne m'a pas regardée dans les yeux. Suant à grosses gouttes sous son képi, il fixait mon avant-bras gauche. Intrigué.

Il fit le tour du véhicule tout en tripotant mes papiers, les ouvrant et les refermant durant de longues secondes. Puis lentement il revint vers moi et me demanda. «C'est quoi ce numéro 71503 tatoué sur votre bras? Le numéro d'immatriculation d'une voiture… de votre voiture?»

J'ai failli avaler ma langue et je bredouillai, gênée, un non. J'étais surprise, déstabilisée par cette question stupide. «Ah, je croyais», a-t-il lâché, un sourire en coin, avant de me souhaiter une bonne route.

Les mains crispées sur le volant, j'engageai la première vitesse. J'appuyai sur la pédale des gaz. Et ma voiture s'éloigna. Lentement. Dans le large rétroviseur, le douanier n'était plus qu'un point gris après quelques secondes.

J'étais folle de rage. Des larmes coulaient sur mes joues. Je tremblais. Par sa question, le douanier avait réveillé mon pire cauchemar, ce que je m'efforçais d'enfouir dans ma mémoire depuis plus de 20 ans. Il m'avait fait franchir la frontière de l'oubli.

Mon numéro de déportée d'Auschwitz, un numéro de plaque! Quel imbécile, me disais-je, alors que je me faufilais dans le trafic déjà dense à l'époque à Genève. Quel fou! N'avait-il jamais entendu parler de la Shoah? Des camps de la mort nazis ? N'avait-il jamais rien lu à propos des chambres à gaz et des millions de personnes massacrées parce qu'elles étaient nées juives.

J'ai hésité à retourner sur mes pas et à lui raconter comment j'avais été marquée comme une vulgaire vache. Aurait-il ressenti ma souffrance, celle qui a déchiré mon âme lorsqu'une déportée polonaise du camp d'extermination d'Auschwitz-Birkenau, assise derrière une petite table dans une pièce, immense, froide, en béton et à la lumière indécise, avait agrippé mon bras gauche, un matin de décembre 1943. Elle y avait planté à plusieurs reprises une aiguille étroite. Sans ménagement. Méthodiquement. Froidement. Elle y avait tracé le numéro 71503 à l'encre bleue, mon numéro d'immatriculation...

J'avais saigné. J'avais souffert. Mais je m'étais tue : une kapo venait de gifler violemment ma sœur Judith, 13 ans, une enfant sage, toujours dans les jupons de maman. Par réflexe, elle avait retiré son bras quand la déportée avait commencé à piquer sa chair.

Nous avions compris. Rien ne se pardonnait à Auschwitz-Birkenau. Toute erreur, tout écart au règlement se payait de son sang, de ses larmes ou de sa vie, selon le bon vouloir de nos maîtres nazis ou des prisonniers de rang supérieur. Les kapos, les chefs de block, les *Blockälteste* et leurs acolytes, les *Stubendienst*, avaient le droit de vie et de mort sur nous.

Aurait-il saisi l'employé de la Confédération helvétique que j'étais devenue une pièce, «*ein Stück*» comme disaient les SS dans le camp des familles de l'usine à mort de Silésie, un «*Untermensch*», un sous-homme ?

Quand j'ai débarqué à Auschwitz, j'avais 15 ans. J'y suis arrivée avec ma petite sœur Judith, ma mère Rondla et papa. Nous venions de Theresienstadt, un ghetto où pourrissaient des dizaines de milliers de juifs, à une soixantaine de kilomètres de Prague.

Nous avions été trimbalés durant deux jours et une nuit avec une centaine d'autres déportés. Serrés les uns contre les autres. Souvent debout. Dans la peur. Dans la transpiration. Dans la pisse. Dans l'humidité et l'air fétide. Dans la merde de mes compagnons de malheur atteints pour la plupart de dysenterie. Au milieu des morts.

Il faisait nuit quand la lourde porte du wagon s'est ouverte dans un fracas métallique. Enfin. L'air qui m'avait tant manqué dans notre prison de bois sur boggie m'avait alors prise à la gorge. Qu'il faisait froid. De ce froid sec qui vous brûle les poumons et la peau, qui vous bloque les articulations et la volonté, qui vous cloue sur place, qui vous tue à petit feu.

J'avais tellement peur quand j'ai sauté sur le gravier de la « *Judenramp* », la « rampe juive » où les convois arrivaient. J'étais perdue. Mes yeux fouillaient l'espace pour trouver des visages familiers. Je tremblais. Je me souviens aussi des cris des SS et des chiens. Des ordres aboyés : « *Raus, raus, raus…* » « Dehors, dehors, dehors… »

Puis il y eut une pluie de coups de bâton, pour ceux qui n'avançaient pas assez vite ou qui, sans repère dans cet enfer, posaient des questions. Ceux qui se trompaient de chemin étaient mordus par des bergers allemands hystériques. Ceux qui essayaient de ramasser leurs bagages recevaient des coups de pied.

Je revois les faisceaux puissants des projecteurs braqués sur nous. Une lumière puissante et aveuglante. « *Raus, raus, raus…* » Ces terribles cris résonnent encore aujourd'hui dans mes oreilles. « *Raus, raus, raus.* » Tout comme les pleurs des enfants et des femmes. Je ressens encore cette peur qui vous arrache le ventre et qui vous saisit les tripes.

Puis nous avons formé une colonne par rangs de cinq. Les femmes d'un côté, les hommes de l'autre. 2 500 personnes prêtes pour la boucherie, l'une des pires pages de l'histoire du monde. Maman et Lala étaient à mes côtés. Nous nous tenions la main.

Papa, lui, était dans l'autre groupe. Je ne le savais pas encore, mais je ne le reverrais que rarement durant les six mois que nous allions passer à Birkenau. Et après le départ de maman, Lala et moi pour Hambourg, papa allait être évacué au camp de Gross-Rosen avant de mourir à Buchenwald le 24 février 1945, 14 jours après son arrivée dans le camp proche de Weimar.

Je ne l'ai su que dernièrement grâce à des recherches effectuées par le Service international de recherches de Bad Arolsen. Sur une fiche perdue parmi des millions d'autres était inscrit le nom de mon père, son numéro de déporté dans le camp proche de Weimar, le 125537, et la cause de sa mort : dysenterie.

Aujourd'hui, je suis une grand-mère de 80 ans. Mes enfants ont grandi. Ils vivent à Genève et réussissent dans les affaires. J'ai cinq petits-enfants, des amours. Quant à Moni, il est décédé en 1992 du cancer. Maman aussi s'en est allée en 1970. Tout comme ma grande sœur Esther cinq ans plus tard. Le cancer de nouveau. Il ne me reste plus que ma petite sœur qui vit à Ramat Gan dans la banlieue de Tel Aviv, en Israël.

Je repense parfois à ce douanier qui a réveillé tant de démons en moi en transformant ma mémoire en champ de bataille. En quelques mots, il m'a fait tellement de mal.

Avec le recul, je me dis qu'il n'était peut-être pas complètement fautif.

Dans les années 1960, la Shoah, le massacre des juifs d'Europe, n'intéressait personne ou presque. Même les juifs se montraient indifférents à notre passage en enfer. Ma sœur Esther, qui avait quitté illégalement la Tchécoslovaquie en 1939 pour la Palestine et qui avait échappé aux déportations, ne m'a jamais posé de question sur mes 33 mois de déportation.

À la Libération, je lui avais pourtant écrit une lettre de 13 pages pour lui raconter, alors que j'étais couchée dans mon lit d'hôpital au milieu du camp de Bergen-Belsen, où je récupérais d'un typhus qui avait failli me tuer.

J'ai essayé d'en parler une fois avec elle après mon arrivée en Israël en 1948. Elle a balayé l'air d'un geste sec de sa main. Façon de dire : « Tais-toi ! Nous avons d'autres soucis que ces vieilles histoires. Le pays se construit. Je dois gagner ma vie. Alors arrête. »

Ou peut-être qu'Esther pensait, comme de nombreux Israéliens, que nous nous étions laissés emmener à la mort sans résister. Mais comment aurais-je pu ? J'avais à peine dix ans quand tout a commencé.

Même mon mari n'a jamais vraiment abordé mon parcours dans l'enfer de la Shoah. C'était comme un secret de famille qui dépassait notre raison et nos émotions. La seule chose qui est sortie de sa bouche lors de notre visite de Bergen-Belsen dans les années 1960, c'était « l'air est bon ici. » J'ai souri, mais mon cœur pleurait.

Moni était gêné. Il ne savait pas comment s'y prendre. Je l'ai trouvé maladroit. Je lui en ai voulu. Mais je comprenais aussi. Pourquoi faut-il ressasser ces histoires ? semblait-il me dire lui aussi. « Tu as survécu. Tu es là. Et puis, il y a les enfants. Oublie ! »

Alors moi la survivante, je me suis tue. Je ne voulais pas devenir une vieille folle qui rabâche toujours la même histoire. J'ai obéi. J'ai enfoui tout cela au plus profond de ma mémoire, même si mon numéro de déportée me rappelait tous les jours mes souffrances. C'était la seule trace de mon passage en enfer. Je n'ai jamais voulu l'effacer. C'était la preuve de mon enfance volée par les nazis, de ma danse avec la mort. Celle qui a exterminé tant de familles. Tant de passés, tant d'avenirs. Mais pas le mien. Je n'ai jamais voulu effacer ce numéro ancré dans ma chair.

Au milieu des années 1970, le professeur de classe de mon fils Sam a évoqué en cours le livre *Si c'est un homme* de Primo Levi. Alors que mes enfants n'osaient pas parler avec moi de ma déportation, Sam a révélé mon passé dans les camps. À ma grande surprise.

Son enseignant, Manuel Tornare, futur maire de Genève et qui deviendra avec le temps un grand ami de la famille, ne l'a pas cru tout d'abord. Il a demandé à me rencontrer, a voulu vérifier les propos de mon garçon. Nous nous sommes rencontrés. Manuel a très vite compris par où j'étais passée. Il a voulu que je témoigne devant ses élèves. J'ai refusé de me déplacer dans sa classe. J'avais trop peur de ne pas tenir le choc et de m'effondrer devant ces adolescents.

Finalement, les écoliers sont venus dans notre maison quelques jours plus tard. Je me sentais plus à l'aise. C'était la première fois que je racontais ma vie dans les camps. Après 30 ans de silence.

J'ai alors parlé de l'horreur. J'ai pleuré. Les enfants et leur professeur aussi. Je ne le savais pas encore, mais ce jour-là, j'ai entamé une nouvelle carrière, après celle de maman, de soldate de Tsahal, d'aide en pharmacie en Tchécoslovaquie… : j'étais désormais une conférencière, un témoin. Celle qui raconte l'odeur de chair brûlée, nauséabonde, pénétrante, obsédante qui s'échappe des crématoires et qui imprègne tout à Auschwitz, celle qui sait ce que c'est que la faim qui lui tenaille le ventre à Theresienstadt, celle qui a vu les collines de cadavres en train de pourrir sous le soleil oppressant de Bergen-Belsen, celle qui a reçu des coups de bâtons généreusement distribués par les kapos, celle qui a entendu les cris des SS qui me glacent encore le sang, celle qui a vaincu la mort.

Aujourd'hui, je cours, malgré mon âge, les cycles d'orientation et les lycées pour raconter mon histoire. Je parle à la TV, à la radio. Témoigner: c'est la mission des rescapés de l'usine de la mort. Le temps érode les mémoires et banalise les faits, disait un de mes amis. Et c'est vrai. Quand je lis que des jeunes s'habillent en déportés de la Shoah pour fêter Carnaval en Valais, je me dis qu'il y a un problème.

Les synagogues sont de nouveau incendiées par des criminels. Les juifs sont frappés en pleine rue en Suisse, en France ou en Russie, simplement parce qu'ils sont juifs. Nos cimetières sont profanés. Les juifs reçoivent de nouveau des lettres d'insultes. La croix gammée se dessine sur les murs, sur les carrosseries des voitures dans les rues de Genève, la ville qui m'a accueillie. La peste brune revient. En Tchéquie, des nazis de Pilzen défilent pour «célébrer» la déportation des juifs de leur ville. Et même en Israël, des néonazis terrorisent leurs concitoyens, alors qu'un quart des Européens se disent antisémites.

Je témoigne pour empêcher que l'horreur ne recommence, cette chasse aux juifs, aux miens, à ma famille. C'est aussi pour cette raison que je combats les négationnistes qui doutent de nos paroles et de ce que nous avons pu endurer. Les ignorants. S'ils avaient vu les nuages de cendres des morts, que les crématoires de Birkenau vomissaient nuit et jour au printemps 1944, au moment où les nazis envoyaient à l'abattoir les juifs hongrois par milliers. S'ils avaient encore dans leur narine l'odeur âcre de la chair grillée dans les immenses brasiers d'Auschwitz. S'ils avaient vu la boue mélangée d'excréments où baignaient des cadavres décharnés, ils diraient comme nous : plus jamais ça.

Le temps presse. Il faut raconter jour après jour ce qui s'est passé. D'où ce livre qui n'existerait pas sans Patrick Vallélian. Historien de formation, grand connaisseur de la Shoah, journaliste, enquêteur, il m'a écoutée patiemment des heures durant.

Il a beaucoup lu aussi et il est parti sur les traces de mon passé, en Tchéquie bien sûr, mais aussi en Israël et en Allemagne. Petit à petit, il a reconstitué mon parcours, retrouvé des témoins et des lieux où j'étais passée avant d'écrire l'ouvrage que vous tenez dans les mains et qui me survivra. Avec ses mots. Avec les miens.

Merci à lui.

PARTIE 1

KARLSBAD (1928-1938)

UN MONDE QUI N'EXISTE PLUS

Ma mère Rondla, née Kristal, et mon père Josef Pinczowsky sont originaires de deux shtetls, deux petits villages juifs, perdus dans la campagne près de Lodz. Tellement perdus d'ailleurs que j'ai oublié leurs noms.

À l'époque de leur naissance, en 1895, la Pologne était encore le «Pays de la Vistule». Et son maître, le tsar de toutes les Russies, était cruel avec le million et demi de juifs qui peuplaient ses terres de l'Ouest. Il les parquait dans des ghettos. Et les pogroms étaient réguliers.

Durant l'été 1945, alors que nous attendions à Prague le retour de papa dont nous avions perdu la trace à Auschwitz, maman m'a raconté les massacres commis par les cosaques de Nicolas II durant la Première Guerre mondiale. Je pleurais.

Ma mère, dure et douce à la fois, aux joues prononcées et aux yeux généreux, courte sur pattes, et un peu ronde ma foi, avait vu les féroces cavaliers de l'armée russe déferler sur son village où les juifs vivaient en quasi-autarcie. Les soldats, aussi saouls que brutaux, avaient violé les femmes et les filles avant de tuer tous les hommes qui n'avaient pu se cacher à temps.

Et pour mieux montrer qui commandait, ils avaient brûlé la synagogue en bois, rasé les maisons de la rue principale. Ils s'étaient ensuite attaqués aux petites masures au toit de chaume avant de voler le peu que leurs habitants possédaient.

Puis, ils étaient repartis comme un nuage de sauterelles repues qui auraient dévoré les miettes d'un Yiddishland de plus en plus misérable.

Maman avait juste eu le temps de se cacher dans une forêt toute proche avec son bébé – ma grande sœur Esther – pour échapper à ce pogrom. Mais elle avait tout vu. Tout entendu. Comme une répétition générale de ce qui allait nous arriver avec les nazis, 30 ans plus tard.

D'autres crimes suivront. Puis d'autres encore, avant que la Pologne ne devienne indépendante en novembre 1918 et que l'armée polonaise, dans ses nouveaux uniformes et équipée par les vainqueurs de la Grande Guerre, ne se mette à son tour à chasser ses juifs de son pays.

Ceux qui pensent qu'Hitler a innové en massacrant six millions de juifs comme il aurait dératisé les égouts de Paris, de Berlin ou de Londres, avec du gaz et des balles, ont tort. Le monstre de Berlin n'a fait que perfectionner les traitements réservés aux miens avant la Seconde Guerre mondiale, dans cette Europe qui, soi disant, donnait l'exemple au monde dans la manière de se comporter, de penser, de vivre et de mourir. Terre de tolérance ? Mon œil !

Les Russes, dans leur genre, étaient des professeurs hors pair. Comme les nazis plus tard, ils ont isolé les juifs, leur interdisant le commerce ou l'accès au marché du travail, à l'université ou à l'administration. Puis ils sont passés aux travaux pratiques : ils ont tué des milliers de personnes lors de razzias sanglantes. Que valait la peau d'un juif à l'époque ? Pas un kopeck. Alors ils partaient. Les historiens estiment qu'entre 1881 et 1914 plus de 2,5 millions d'entre eux émigrèrent en direction des USA, de l'Amérique latine, de l'Afrique du Sud et de l'Europe occidentale.

La famille de ma maman a choisi l'Argentine, où j'ai encore quelques cousins. Papa, lui, a préféré Karlsbad, sorte de Saint-Tropez de l'Empire austro-hongrois, là où les têtes couronnées et les grosses fortunes fréquentaient ce paradis du thermalisme. Aucun problème de foie ou d'estomac ne résistait à ses eaux de source, très chargées en souffre.

Le reste de la famille de Josef est resté en Pologne. C'était là une mauvaise idée : en 1939, ils ont été parmi les premières victimes. Les Allemands ont massacré les enfants, les femmes et les hommes contre le mur de la synagogue de leur village. Seul un de mes cousins, Romek, a survécu à cette extermination qu'on appelle aujourd'hui la Shoah par les balles. Je l'ai croisé à Birkenau en décembre 1943. C'est lui qui m'a rapporté la fin tragique de mes cousins, tantes, oncles et grands-parents.

Papa ne m'a jamais parlé de sa vie d'avant. Il avait fait table rase de son passé. Et la seule trace que j'ai de cette époque, c'est une photo prise par un portraitiste de Lodz. Son échoppe s'appelait « Fotografia Imperial » et se trouvait à la rue Nowy-Rynek n° 2, comme c'est écrit au dos de l'image cartonnée.

J'y vois mon père, la vingtaine, cheveux noirs, courts, moustaches fines, nœud papillon, souliers noirs, chemise

Josef Pinczowsky – photo prise vers 1914 à Lodz.

Rondla Pinczowsky, née Kristal – photo prise vers 1914 à Lodz.

blanche, costard noir, mandoline dans les mains. Il se tient devant une petite table avec un vase, bouquet de roses, miroir, appuyé sur une chaise. Mon dieu, qu'il était beau. Quelle allure ! Quelle prestance !

« Cela ne sert à rien de ressasser le passé », nous répétait-il à nous, ses trois filles, Esther, Judith et moi, Ruthi. « Allez de l'avant. » Des conseils que j'ai toujours essayé d'appliquer durant ma vie, en gardant tout de même toujours à portée de main une valise. Quand on est juif, il faut rester prudent et être prêt à s'exiler très vite. C'est ainsi.

Et c'est ce que papa fit en 1914 alors que la grande boucherie mettait une nouvelle fois les juifs de Pologne en danger. Les Russes les accusaient d'espionnage au profit des Allemands. Ils parlaient yiddish, une langue, ma foi, proche de l'allemand, et surtout ils avaient la fâcheuse tendance à accueillir les troupes autrichiennes et allemandes en libératrices quand ces dernières avaient la bonne idée d'enfoncer les lignes du tsar.

Ce que les Russes ne supportaient pas. Alors, chaque fois qu'ils reculaient face à l'avancée des armées germaniques, ils transformaient l'endroit en champ de ruines, expulsant des populations entières, pillant et massacrant.

Bien que jeune marié et futur père – maman était enceinte d'Esther –, papa a pris son baluchon un beau matin. Il s'est enfoncé dans les brouillards des plaines polonaises avec un groupe d'amis du shtetl. Il laissait derrière lui sa femme, bien sûr, la misère noire de la Russie, mais surtout la conscription. Car si un juif était considéré par le tsar comme un citoyen de cinquième catégorie, il n'en était pas moins une chair à canon appréciée dans sa guerre contre l'Allemagne et son allié austro-hongrois. Et gare à ceux qui s'évadaient de cette prison impériale. Ils risquaient leur tête.

À son arrivée à Karlsbad, papa a recommencé sa vie à zéro. Il a travaillé tout d'abord comme serveur puis, après quelques années, il fut nommé caissier en chef du restaurant *Schützenhaus* – un des plus courus de la ville. C'était alors l'homme le plus important de l'établissement, après le patron bien entendu.

Alors que ses revenus s'amélioraient, il a pu faire venir ma mère en 1920. Grâce à l'argent qu'il avait mis de côté, il lui a envoyé un billet de train. Et un beau matin, maman et Esther, qui devait avoir 5 ou 6 ans, débarquèrent à Karlsbad.

Papa les avait sorties à temps de l'enfer. Une nouvelle fois, la situation des juifs était devenue intenable dans la région de Lodz. Les pogroms se multipliaient depuis la fin de la Première Guerre mondiale et la fondation de la Pologne moderne.

Après six ans de séparation, maman et papa trouvèrent un appartement dans la maison Kiel, en face du restaurant où travaillait papa. C'est là que je suis née le 25 novembre 1928, une année et un mois avant Judith.

Quelque temps après l'arrivée de maman en Tchécoslovaquie, ils ouvrirent une épicerie fine kasher. Les affaires étaient bonnes. Assez en tout cas pour qu'ils puissent s'offrir la maison Rembrandt, à la rue Docteur Dekaro. Haute de deux étages, cette grande bâtisse aux murs sombres, dont l'entrée était dominée par une grande étoile de David, se situait dans le bas de la ville, à deux pas de la gare et de l'endroit où la rivière Teplá se jette dans l'Ohře.

Mes parents y exploitaient au rez-de-chaussée un restaurant kasher, un des plus réputés de la ville. Une profession qui les occupait quasiment toute la journée. Notre appartement se trouvait à l'étage.

Ruth, bébé, dans les bras d'Esther en 1929 devant les colonnades de Karlsbad.

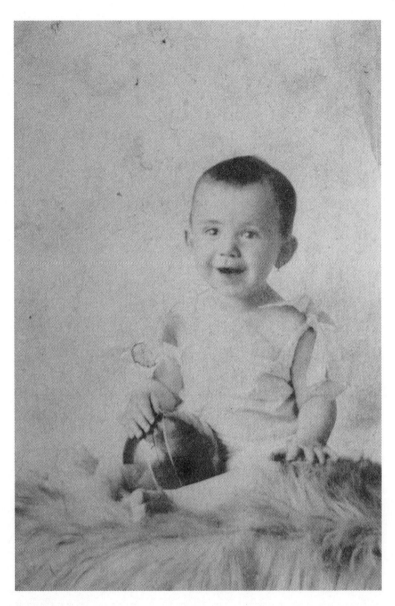

Ruth bébé, 1929.

DES TCHÈQUES COMME LES AUTRES

Nous étions des Tchécoslovaques de la classe moyenne. Ni riches, ni pauvres. Mes parents avaient tout de même pu s'offrir un tourne-disque sur lequel papa écoutait de la musique classique avant de prendre sa mandoline et de nous jouer un morceau. Lala, le surnom de ma petite sœur, et moi étions aux anges.

Bref, nous étions des gens comme les autres. Je dirais avec le recul que nous étions passe-partout et que, si je devais nous croiser dans la rue aujourd'hui, je ne verrais qu'une famille commune, heureuse et surtout pleinement assimilée.

Personne n'aurait pu dire que nous étions juifs, mormons, musulmans ou hindous... Et seule l'activité professionnelle de mes parents finalement trahissait notre appartenance religieuse que nous ne mettions jamais en avant. Et pour cause : mes parents n'en voyaient pas la raison ni l'utilité. Eux voulaient vivre une vie tranquille de bons citoyens responsables et respectés dans une région, les Sudètes, qui avait toujours hésité entre son identité allemande et tchèque.

Après la Première Guerre mondiale, elle avait été rattachée à la Tchécoslovaquie qui était née sur les cendres de l'Empire austro-hongrois. Mais les liens avec l'Allemagne toute proche étaient restés très forts. En ville, la première langue parlée était d'ailleurs l'allemand. Et personne n'avait trouvé à redire à mon père quand, lors du recensement de 1930, il avait coché la case « allemande » sous nationalité, même s'il est resté toute sa vie un apatride et qu'il n'avait aucun passeport.

L'Allemagne avait toujours bien traité ses juifs, disait-il souvent. Comme l'empire qui l'avait accueilli et nourri et qui lui avait permis de s'épanouir pour devenir un homme connu à Karlsbad. Un homme respecté qui avait des amis dans toutes les communautés. Tout le monde l'aimait. Et lui n'hésitait jamais à aider financièrement telle ou telle association ou organisation.

«Et l'Allemagne était un pays de culture et d'excellence, qui avait enfanté des Bach, Goethe, Nietzsche, Haendel ou Luther. Rien de mauvais ne pouvait en venir», ajoutait mon père dans un allemand précis. Sans accent. Sa fierté.

De temps en temps, nous allions en vacances dans une maison que papa louait dans un petit village de la région. On y restait quelques jours, l'été surtout. C'était pour nous l'occasion de longues balades dans la généreuse nature des Sudètes en compagnie de nos parents. J'ai encore en tête l'odeur des pins. Je revois ces blés qui mûrissaient au soleil et ces milliers de vaches qui recouvraient les pâturages. Un vrai paysage du Jura suisse.

Les affaires de mes parents étaient bonnes avant la guerre. Leur restaurant était souvent plein. Sa cuisine réputée. Sa clientèle nombreuse et fidèle. Nous accueillions souvent des rabbins de passage et des juifs de toute l'Europe. Ils étaient étonnants, souriants, instruits, surtout les rabbins, avec leur longue barbe et leur manière de rouler les «r» quand ils parlaient l'allemand ou le yiddish. Lala et moi avions droit régulièrement à leurs bénédictions. Peut-être qu'elles nous ont sauvées. Qui sait?

Je me rappelle aussi des nappes blanches, des assiettes blanches, des couverts en argent et de notre cuisinière, une Tchèque chrétienne que j'ai revue après la guerre. Mais je n'avais plus rien à lui dire. Tout ce qui nous unissait était mort dans la machine à détruire nazie.

Il y avait aussi le rire de papa, qui connaissait tout le monde ou presque et qui mettait de l'ambiance en passant d'une table à l'autre, en parlant fort. Un rire que j'entendais au moment de m'endormir.

Papa, bel homme aux cheveux grisonnants, était très affectueux avec ses trois filles. Nous étions ses meilleurs clients, ses petites princesses, répétait-il. Lorsque nous rentrions de l'école, il nous faisait griller régulièrement une tranche de bœuf pour Lala et une tranche de veau pour moi. Maman mijotait aussi des plats fabuleux dans sa cuisine. Je me souviens encore du goût succulent de sa carpe farcie avec un mélange d'œufs, d'oignons, de farine et de sel. Je me régalais aussi de ses strudels aux pommes et au pavot ainsi que de ses soupes de poulet avec des nouilles.

Depuis des années, j'essaie de retrouver les recettes de ces plats que maman n'a jamais couchés sur le papier. J'en ai encore le goût dans ma bouche et mes souvenirs.

Et notre judaïté me direz-vous ? Elle est comme aujourd'hui, discrète et personnelle. Et surtout notre religion ne posait aucun problème en Bohême-Moravie jusqu'à l'arrivée d'Hitler. Notre communauté y a toujours joui d'une grande liberté.

La synagogue de Karlsbad illustrait à merveille cette situation. C'était un superbe bâtiment, richement décoré de boiseries, de dorures, de vitraux colorés et de cinq coupoles. Sa large allée centrale donnait sur son orgue, la *bima*, et la grande arche. Construite en 1877, elle était haute de six ou sept étages – un vrai gratte-ciel pour la gamine de 8 ou 9 ans que j'étais. Notre synagogue passait même pour le plus grand et le plus beau lieu de culte juif d'Europe centrale.

Malheureusement, elle a été incendiée par les nazis et leurs sbires du parti allemand des Sudètes (SdP – *Sudetendeutsche Partei*) le lendemain de la Nuit de Cristal, entre le 10 et le 11 novembre 1938. De notre belle synagogue, il ne reste plus rien aujourd'hui. Quand je suis retournée à Karlsbad il y a quelques années, il m'a fallu du temps pour la localiser. Et qu'ai-je vu à la place de notre fier lieu de prière ? Une petite plaque métallique vissée contre le mur du garage d'un hôtel de luxe de la ville, à la rue Sadova.

J'en ai pleuré. Quel manque de respect pour les 2 000 juifs qui vivaient avant la guerre parmi les 40 000 habitants de la station thermale. La cité avait même accueilli deux congrès sionistes en 1921 et 1923. C'est tout dire de l'intégration de notre communauté dans la société tchécoslovaque. Une vieille histoire puisque la première allusion aux juifs de Prague date de 970 et que ces derniers jouissaient depuis 1700 de la liberté religieuse... dans leur ghetto bien sûr.

Si papa était plutôt libéral en matière de religion – il ne portait pas les papillotes des orthodoxes ni leur barbe–, maman était, elle, très croyante. Elle respectait à la lettre les fêtes et les rites – nous ne manquions pas un shabbat, pas un Roch Hashana, pas un Yom Kippour, pas un Soukkot, pas un Hanouka, pas une fête de Pessah, pas un Pourim... –, mais elle n'était pas pour autant une bigote. Elle travaillait. Elle élevait ses enfants. Elle avait des domestiques. Une femme moderne avec une pointe de tradition en somme.

Une femme qui m'a transmis le sens des traditions que j'essaie tant bien que mal de passer à la génération suivante. Mais je dois avouer que, dans ce domaine, je n'ai jamais été très douée. Que dieu me pardonne. Quant à Esther, elle s'occupa beaucoup de nous tandis que maman et papa géraient le restaurant. Elle fut très sévère avec nous, ses deux petites sœurs. Et pour l'embêter, Lala et moi parlions tchèque, une langue qu'elle parlait mal. Elle avait uniquement étudié à l'école allemande de Karlsbad.

Mes parents ressemblaient en fait à ces centaines de milliers de juifs assimilés d'Europe, invisibles dans un sens. Sauf

La famille Pinczowsky à Karlsbad vers 1931.

quand ils se rendaient à la synagogue le samedi pour écouter notamment le « *chazzan* », cet officiant qui aidait le rabbin à diriger la prière chantée. Papa adorait ce moment-là.

Il lisait d'ailleurs l'hébreu couramment et nous a obligées, Lala et moi, à apprendre la langue sacrée. Ce qui était assez rare à l'époque pour des fillettes, mais papa voulait que chaque vendredi soir nous puissions réciter nos prières à table.

Cela m'a permis de m'intégrer très facilement dans la société israélienne lors de mon Aliyah en 1948, ma « montée » vers la terre promise. L'hébreu moderne n'avait quasiment pas de secret pour moi. Mais je dois avouer qu'à l'époque ni ma petite sœur ni moi n'aimions cela, et nous martyrisions Élie, le jeune homme qui venait nous donner des cours. Le pauvre, nous l'avons fait tant souffrir par nos bêtises, nos moqueries. Qu'il me pardonne.

JE VOULAIS ÊTRE PHARMACIENNE

Petite fille, j'aimais l'école, les mathématiques plus particulièrement. J'étais une élève studieuse, avec des notes tout à fait convenables. Si tout s'était passé autrement, j'aurais probablement pu étudier la pharmacologie à l'université. Je voulais devenir pharmacienne. J'aimais aussi le sport, la course à pied et la gymnastique en salle.

J'avais des amis tchèques, juifs, catholiques, protestants... Je ne faisais pas la différence à l'époque, ni aujourd'hui d'ailleurs, entre les appartenances religieuses. Karlsbad était une ville très internationale où se mélangeaient des Tchèques, Slovaques, Russes, Allemands, Autrichiens ou Français.

À la maison, nous nous exprimions la plupart du temps en allemand avec nos parents qui se parlaient en yiddish. Mais dans la rue, je me faisais un plaisir à m'exprimer en tchèque, une langue que je pratique encore avec ma petite sœur Lala.

Notre vie était simple, rythmée par le temps de l'école, les vacances scolaires, les cours d'hébreu, les rencontres avec nos camarades, le shabbat et les fêtes religieuses juives et chrétiennes. Nous fêtions Noël comme les autres.

À Karlsbad, j'ai passé une enfance heureuse, dans cette ville qui doit son nom au roi Charles IV. Selon la légende, il aurait découvert les sources d'eau chaude et bouillonnante lors d'une chasse.

Dans les années 1930, la cité était belle avec ses cinq colonnades, ses nombreux ponts, ses grandes maisons bourgeoises richement décorées, ses hôtels majestueux dont le *Grand Hôtel Pupp* et l'*Impérial*, ses cafés, ses restaurants et ses magasins toujours bien achalandés. Si le temps de la splendeur d'avant la Première Guerre mondiale était passé, la petite cité restait une des principales villes de la Tchécoslovaquie, ce pays né en 1918 sur les ruines de l'Empire austro-hongrois.

Avec ma famille, nous goûtions l'eau minérale des sources chaudes en remplissant nos tasses munies d'un bec très fin. Nous mangions des «*oplatky*», de succulentes gaufrettes typiques de Karlsbad.

De mon côté, je passais mon temps à admirer les belles toilettes des élégantes curistes du monde entier. Leurs robes, leurs chapeaux, leurs coiffures, tout était beau, chic et plein de glamour.

Je me postais aussi des heures durant face à l'orchestre de la colonnade Sadová, à l'extrémité de l'actuel parc Dvořák. Bien abrités du soleil par le toit en bois du pavillon rond, ses musiciens jouaient marches, valses, polkas... Tout y passait.

J'observais les violonistes caresser leurs cordes avec leurs archets, les trompettistes gonfler leurs joues, les timbaliers frapper leurs instruments à percussion.

Mais surtout, je fixais le chef d'orchestre. Ses longs cheveux noirs, légèrement frisés, dansaient au rythme de la musique. C'était un très bel homme, très grand. Un chien dormait souvent à ses pieds. Et je me disais qu'un jour je jouerais de la musique. Comme lui. Comme eux.

«NOUS DEVONS PARTIR...»

Un matin de shabbat, jour de repos pour les juifs, papa, d'ordinaire calme, a ouvert la porte de ma chambre sans ménagement. Lala et moi dormions encore profondément. «Nous devons partir. Vite. Dépêchez-vous! Habillez-vous», cria-t-il. Il tremblait comme une feuille balayée par la tempête. C'était la première fois que je le voyais aussi nerveux. À peine levée, je vis maman s'affairer autour des armoires. Elle glissait des vêtements dans des valises. Elle pleurait. Les larmes coulaient sur ses joues rouges. Sur son visage se lisait une immense peur. Nous étions le 1er octobre 1938.

«Plus vite», avait encore lâché papa avant d'éteindre le poste de radio. Les nouvelles étaient mauvaises. L'armée allemande venait de forcer la frontière tchécoslovaque. Hitler venait réclamer les Sudètes, dont Karlsbad était l'une des villes les plus importantes. Pour le maître de Berlin, c'était un espace vital allemand. L'Angleterre et la France, les grandes puissances du moment, le lui avaient offert lors de la conférence de Munich qui s'était tenue du 29 au 30 septembre 1938.

Pour éviter une nouvelle boucherie, une nouvelle guerre mondiale, le président du Conseil français, Édouard Daladier, et le Premier ministre britannique, Neville Chamberlain, avaient lâché leurs alliés tchécoslovaques. Les démocraties nous laissaient tomber. L'ogre nazi pouvait tranquillement se repaître de cette région tchèque, le tiers du pays, dont la majorité des habitants étaient allemands.

Je n'ai eu le temps que d'emporter mon cartable d'école tandis que Lala a dû abandonner sa collection de poupées. Elle ne pouvait en emmener qu'une seule, lui avait dit papa. Un crève-cœur pour elle. Les 29 autres sont donc restées dans sa chambre. Elle ne les a jamais revues. En partant, j'ai juste eu le temps de voir que, dans le restaurant, tout était prêt pour accueillir les clients du dimanche. « Plus vite », criait papa, qui nous conduisait à la gare toute proche. Là, des centaines de personnes, des juifs en majorité, tentaient de prendre d'assaut le premier train pour Prague.

Nous pûmes partir finalement. Et papa, apaisé, tenta alors de consoler ma petite sœur : « Ne pleure pas Lala, nous reviendrons bientôt chez nous. Tu les retrouveras tes poupées. »

Le train s'enfonçait dans les plaines de la Bohême. Les petits villages, les champs, les forêts se succédaient. Les visages étaient graves. « À Prague nous serons à l'abri », nous répétait papa en regardant maman. « J'y ai des amis. Vous verrez. Ne vous inquiétez pas. »

Jusqu'au 1ᵉʳ octobre, papa n'avait jamais cru que nous devrions fuir un jour. Il pensait que les Tchécoslovaques allaient le protéger, lui le juif polonais. Il pensait que, bien intégré dans ce pays libre, il ne risquait rien. Et il restait serein malgré les témoignages des juifs allemands qui trouvaient refuge dans notre ville avant d'embarquer pour les Amériques ou la Palestine.

Car, depuis septembre 1935, l'Allemagne avait adopté les lois antisémites de Nuremberg. Elles légalisaient les premières mesures d'exclusion des juifs prises en 1933 par les nazis. L'exercice des professions libérales et l'enseignement étaient désormais interdits. Tout comme les mariages dits mixtes, entre Allemands de sang pur et juifs. La machine nazie était en marche.

La famille Godin a pu fuir cette chasse raciste. Mes parents l'ont hébergée quelques jours en 1935 ou en 1936. Je me souviens très bien de la maman alors que les visages du mari et de leurs fils ont disparu de ma mémoire.

Si j'ai oublié son prénom, je revois encore ses longs cheveux bruns, son visage rond aux traits fins et ses belles mains de violoniste. Elle et son mari nous ont raconté le traitement réservé aux juifs allemands. Leurs enfants pleuraient à leurs côtés. Ils évoquaient les policiers qui les battaient dans les rues sans raison, les meurtres pour un oui ou pour un non, les emprisonnements arbitraires, ces amis chrétiens qui vous évitent du jour au lendemain et cet isolement de plus en plus pesant...

Les Godin n'en pouvaient plus. Ils étaient à bout de force devant tant d'injustice, répétait le mari, chirurgien de profession qui avait été chassé de son hôpital parce qu'il était juif. « Les nazis nous traitent comme de la vermine. Notre sort n'intéresse personne », avait-il ajouté. Comme une prémonition de ce qui allait nous arriver durant la guerre.

Mais c'est surtout elle qui m'a initiée au violon. Un matin, alors qu'elle travaillait son instrument dans sa chambre, je m'approchai d'elle pour l'écouter. « Tu veux essayer ? », me dit-elle. Je n'aurais pas osé le lui demander. « Oui », répondis-je timidement.

Elle me tendit alors son violon que je pris dans les mains avec précaution en le regardant comme j'aurais admiré une toile de Picasso. Je caressai le bois brillant avant d'effleurer les cordes tendues. Elle vint alors se placer derrière moi.

« Coince le violon entre ton épaule et ton menton », me dit-elle doucement. Elle m'expliqua ensuite comment glisser l'archet sur les cordes, comment en tirer une note. Je m'exécutai maladroitement. J'ai dû massacrer quelques notes avant de lui rendre son violon après quelques minutes de test. J'étais émue. Tremblante. Je savais que si je devais devenir musicienne un jour, c'est avec cet instrument que je le serais.

Puis Madame Godin m'a joué le concerto pour violon n° 2 de Mendelssohn. Aujourd'hui encore, chaque fois que je l'entends à la radio, j'en ai des frissons. Je me revois dans notre maison de Karlsbad en train d'écouter notre invitée.

Avant de s'en aller vers l'Amérique, la famille Godin nous conseilla de fuir. « Partez tant qu'il en est encore temps », répétèrent les Godin. Papa les écouta avec attention. Mais il ne les crut pas, à la différence d'une vingtaine de milliers de juifs tchécoslovaques qui quittèrent le pays avant l'invasion allemande.

Mais comment lui en vouloir ? Comment aurait-il pu comprendre ce qui se tramait en Allemagne dans la tête de ces fous de nazis ? Personne n'aurait pu deviner qu'ils allaient mettre en place une machine de mise à mort systématique, une mort industrielle à l'échelle d'un continent.

De toute manière, papa restait un éternel optimiste. Je ne l'ai d'ailleurs jamais entendu se plaindre et, même lors de nos rencontres furtives dans les latrines du camp d'Auschwitz-Birkenau en 1944, il gardait le moral.

« Tout cela va se calmer », répétait-il, avant notre exil forcé à Prague entre 1938 et 1942. « Nous sommes comme tout le monde. Pourquoi s'affoler ? » Maman, à la fois forte et soumise à l'autorité de papa, l'appuyait. « Dieu va nous aider. »

Et pourtant, notre situation se détériorait depuis l'arrivée au pouvoir d'Hitler en Allemagne. D'abord, j'avais dû quitter l'école allemande après la première classe. J'ai appris bien plus tard que j'en avais été chassée, moi la petite juive.

Puis, un jour, Lala fut attaquée par quelques nazillons à coup de branches dans les jambes. J'ai entendu aussi les premiers « sale juive » que me jetaient à la figure des adolescents du quartier. Je ne comprenais pas. Ça voulait dire quoi sale juive ? Je n'étais ni sale ni ne me sentais plus juive que cela.

Des voisins ont jeté des pierres contre notre maison. Mon père perdait tous ses « amis ». Même ceux qui le connaissaient et qui lui avaient promis leur aide en cas de coup dur détournaient la tête quand ils le croisaient.

Du haut de mes 10 ans, je ne comprenais pas ce qui se tramait, même si j'assistai en avril 1938 à une démonstration de force des nazis des Sudètes. Les membres du SdP avaient rendez-vous dans le théâtre de Karlsbad pour leur congrès. C'est là que je vis des milliers de bras droits levés au ciel, comme des barrières de chemin de fer ouvertes, et j'ai entendu des sinistres « *Heil* Hitler ». Ces hommes et ces femmes acclamaient leur chef, un certain Konrad Heinlein.

Toute cette clique s'était réunie dans ma ville pour réclamer leur rattachement à leur « mère patrie » – l'Allemagne nazie. Le mois suivant, les nationaux-socialistes allaient gagner largement les élections municipales dans la région en raflant 67 % des suffrages et plus de 90 % de ceux des Allemands des Sudètes.

C'était la porte ouverte à la volonté d'expansion d'Hitler. Les trois millions d'Allemands de Tchécoslovaquie, soit le cinquième du pays, voulaient faire sécession. Le maître du Reich était prêt à les accueillir. Il lui fallait seulement provoquer l'étincelle qui ferait voler en éclats notre pays. Hitler s'en chargea le 12 septembre 1938 en appelant ses concitoyens à s'insurger contre les forces tchécoslovaques. Le bilan fut lourd : 8 morts et 17 blessés. Finalement, le SdP fut interdit par le gouvernement de Prague.

Ce dernier était tombé dans le piège. Et pour éviter une nouvelle guerre mondiale, les démocraties tentèrent de jouer les pompiers à Munich en cédant les Sudètes à l'Allemagne. La fin de notre monde pour nous.

J'ai lu dernièrement que Winston Churchill, qui n'était pas encore Premier ministre de l'Empire britannique, avait dit à l'époque que l'Angleterre avait subi une «défaite cinglante et totale». En parlant de Daladier et de Chamberlain, il avait eu ces paroles prémonitoires: «Ils ont eu le choix entre le déshonneur et la guerre; ils ont choisi le déshonneur, et ils auront la guerre.»

PARTIE 2

PRAGUE (1938-1942)

L'IMPOSSIBLE RETOUR

Comme papa avait eu raison de nous faire quitter Karlsbad ! Plus d'un mois après notre départ, lors de la Nuit de Cristal, des centaines de juifs y furent arrêtés par les SS et la Gestapo, enfermés dans les locaux de la police et les prisons du tribunal. Notre synagogue fut brûlée. Les juifs furent humiliés, traités comme des criminels, battus. Nous étions les ennemis de l'ordre nouveau.

Cet ordre nouveau leur laissa le choix de payer la « taxe de la fuite », en abandonnant leurs biens aux nouveaux maîtres des Sudètes. Ou de prendre un billet simple pour un camp de concentration et rejoindre 300 000 juifs venus de toute l'Allemagne.

Pour nous, qui avions trouvé refuge à Prague, la messe était dite. L'espoir de rentrer chez nous s'était évanoui tant que les nazis occupaient la région. Mes parents l'ont compris très rapidement. Mais ils n'en montraient rien.

La famille Pinczowsky à Prague vers 1939.

« Tout se passera bien », insistait papa. « Les Allemands n'oseront jamais venir jusqu'à Prague. Ici, nous sommes en sécurité. » Nous l'avons cru.

Je dois avouer aussi que pour Lala et moi, ce séjour pragois ressemblait à des vacances. Je dirais même à une petite aventure familiale. Dormir à cinq dans la même pièce d'une maison étrangère, c'était plutôt dépaysant.

À notre arrivée, nous avions d'abord séjourné chez les connaissances de papa, qui avait réussi à emporter de l'argent liquide et des bijoux. Le temps pour lui de trouver un appartement où nous loger.

Nous nous sommes finalement établis dans un immeuble bourgeois, au 22 de la rue Soukenicka. Je dois admettre que, malgré le chaos qui nous environnait, nous avons rapidement pris nos marques dans notre nouveau logis situé au premier étage. Le rez-de-chaussée était occupé par la concierge.

Bien plus petit et moins confortable que notre maison de Karlsbad, notre trois pièces pragois avait été aménagé avec goût par maman. Il y avait l'eau courante, l'électricité et nous nous chauffions grâce à un poêle situé dans la salle à manger-salon. Il était alimenté par des briquettes de charbon que nous entreposions à la cave.

Esther, Lala et moi partagions la même chambre. Papa et maman avaient la leur et nous passions le plus clair de notre temps à la cuisine où maman mijotait des petits plats, dont des galettes salées et sèches aux oignons. C'était d'excellents coupe-faim. Nous allions nous en rendre compte plus tard, lorsque notre ravitaillement serait réduit au strict minimum.

Très vite, nous nous sommes liés d'amitié avec une autre famille juive qui habitait au troisième étage. Je me rappelle d'Inge, une petite fille de mon âge avec qui, Lala et moi jouions souvent dans les corridors et la petite cour de la maison.

Inge eut plus de chance que nous. Elle put quitter la Tchécoslovaquie en 1939 pour la Grande-Bretagne grâce à un « *Kindertransport* », un transport d'enfants qui permit de sauver la vie de milliers de juifs entre 1938 et mai 1940. Et clin d'œil de l'histoire, c'est un Suisse, un certain Bill Barzetti que certains historiens appellent le « Schindler de Prague », qui fut l'instigateur du sauvetage de ces 660 gamins juifs tchèques. C'est un Juste parmi les justes des nations désormais.

Notre nouveau quartier, le numéro II, était proche de Josefov, l'ancien ghetto juif de Prague coincé entre la vieille ville touristique et la Moldau. Il était très agréable. Il y avait des épiceries, des magasins d'habits et surtout une boulangerie en face de chez nous. Son pain rond était délicieux. Il était noir et tendre. Son goût était unique. Encore aujourd'hui, je n'en ai pas trouvé d'équivalent.

Ceci dit, je m'intéressais aussi beaucoup au fils du boulanger. Un jeune homme que j'observais tous les matins de ma fenêtre alors qu'il partait à l'école avec sa petite sacoche en bandoulière. Il était beaucoup plus âgé que moi. Il était beau, bien habillé, toujours souriant. Je n'ai jamais osé l'aborder.

Il ne nous fallait qu'une dizaine de minutes à pied pour rejoindre la gare principale de Prague, la Vieille Ville, ses bâtiments baroques, son pont Charles ou le château royal de l'autre côté de la Moldau.

Lala et moi allions à l'école publique. Maman restait à la maison avec Esther et papa, qui n'avait pas d'emploi. Le samedi, nous allions à la synagogue. Durant notre temps libre, nous partions à la découverte de Prague que nous ne connaissions pas du tout.

La ville était très belle. Il y avait tant de choses à voir. Tant de parcs. Tant de musées. J'étais heureuse, même si

Karlsbad et mes amis me manquaient et que parfois je pleurais en cachette de mes parents et de mes sœurs. Je sentais que quelque chose de grave allait arriver.

Il faut dire qu'à partir du 1er octobre 1938, la Tchécoslovaquie ne fut plus la même. L'ogre nazi avait avalé ses régions frontières, là où se trouvaient les principales industries du pays. Les Tchécoslovaques savaient qu'ils étaient à la merci d'Hitler et que seules les grandes puissances anglaises et françaises l'empêcheraient de franchir le Rubicon. Mais jusqu'à quand? La question était sur toutes les lèvres. Je voyais l'inquiétude se lire sur les visages de maman, papa et d'Esther.

D'autant que l'intervention nazie précipita la démission du gouvernement du président Edvard Beneš, le 5 octobre 1938, et que celui du général Jan Syrový tenta d'établir une collaboration étroite avec les Allemands. Sans succès. Les tensions entre les minorités slovaques et hongroises ainsi que la majorité tchèque étaient en outre très fortes. Le pays, en crise, n'avait plus que quelques mois à vivre et cela se sentait.

Dès cette époque, papa essaya d'obtenir des visas pour l'Argentine où des parents de maman avaient émigré. L'invasion allemande n'était qu'une question de temps désormais et il fallait fuir. Malheureusement, le consulat argentin n'octroya pas les sésames qui nous auraient sauvés. Peut-être qu'il y avait trop de demandes. À moins qu'il n'ait été exigé de papa qu'il se convertisse au catholicisme comme je l'ai entendu dire après la guerre et qu'il ait refusé de trahir sa foi.

Finalement, mon père alla taper à d'autres portes d'ambassades, toutes restées fermées, insensibles au malheur qui allait s'abattre sur nous. La barque était pleine un peu partout dans le monde, semble-t-il.

Restaient les pays voisins de la Tchécoslovaquie. Mais là aussi, c'était quasiment une mission impossible. La Hongrie du régent Horthy, sous l'influence nazie, avait elle aussi promulgué des lois antisémites en 1938. Quant à la Pologne, elle n'avait jamais vu d'un bon œil ses propres juifs, et son gouvernement autoritaire n'avait aucune envie d'accueillir ceux des autres. Là-bas aussi, les politiciens parlaient du «problème juif» et proposaient déjà l'émigration comme solution.

Restait la Roumanie, plus éloignée. Plus ouverte aussi aux juifs. Mais le chemin était périlleux, surtout pour une famille de cinq personnes qui aurait dû tenter l'aventure illégalement. Une mission impossible.

Aujourd'hui, ça ne serait plus pareil. Nous avons Israël. J'ai le passeport israélien. Et j'en suis fière, même si je préférerais que l'État hébreu vive en paix avec ses voisins arabes.

Ce pays, c'est notre assurance-vie à nous les juifs du monde entier. Et même si je me sens totalement suissesse, je ne peux pas oublier qu'une partie de ma vie n'a été qu'exils et souffrances.

«Les Allemands arrivent…»

«Les Allemands arrivent…» Ce cri me fit sursauter dans mon lit ce mercredi 15 mars 1939 vers six heures du matin. La nuit froide enveloppait encore Prague. Quelqu'un courait dans la rue mal éclairée pour annoncer la mauvaise nouvelle. En me penchant par la fenêtre, je vis deux soldats allemands sur leurs motos. Ils portaient leur casque d'acier, des grosses lunettes, comme des lunettes de ski, leur manteau en cuir gris-vert et une mitraillette en bandoulière. Ils roulaient très lentement.

L'armée nazie, sans tirer un coup de feu ou presque, était entrée dans la capitale tchécoslovaque. Six mois après avoir envahi les Sudètes, Hitler violait les accords de Munich qui garantissaient pourtant les frontières tchèques. Mon pays cessa d'exister en tant qu'État indépendant. Le jour précédent, les Slovaques avaient déclaré leur indépendance.

Hitler, souriant, pouvait entrer quelques heures plus tard dans le château royal de Prague et savourer son triomphe. En quelques heures, il avait mis la main sur l'armement tchécoslovaque, des milliers de canons, des centaines de chars et d'avions qui lui serviraient quelques mois plus tard à envahir la Pologne et à battre ensuite la France.

Pour les 357 000 juifs tchécoslovaques, dont les trois quarts allaient disparaître dans la Shoah, c'était le début de l'enfer. Les nazis créèrent très rapidement le Protectorat de Bohême-Moravie, dont l'un des maîtres fut Karl Hermann Frank, un Carlobalnéen comme nous. Et ils appliquèrent les mêmes lois

qu'en Allemagne, celles qui interdisaient aux juifs d'ensei-
gner, de commercer, de travailler, de lire un journal et bientôt
de respirer.

Sur des gros panneaux éparpillés dans Prague, il était écrit
en allemand que nous étions les ennemis de tout le monde.
Qu'il ne fallait rien acheter dans nos magasins.

Sous peine d'être emprisonnés, nous ne pouvions plus
nous promener dans les parcs publics, sur les berges du
Danube – les Allemands avaient peut-être peur d'une vague
de suicides, nous les condamnés à vivre dans une prison à
ciel ouvert.

L'accès aux théâtres, aux cinémas, aux bistrots, aux restaurants... nous était interdit. Nos déplacements étaient limités à
notre quartier. De toute manière, nos cartes d'identité étaient
barrées d'un gros «J» rouge et nos passeports avaient été
confisqués par le SS Adolf Eichmann lui-même, qui, à la
tête de l'Office central pour l'émigration juive, allait organiser notre déportation vers le ghetto de Theresienstadt. Il prit
ensuite du galon si je puis dire : il fut l'un des organisateurs
de l'extermination des juifs d'Europe.

Durant l'hiver 1941, les nazis nous confisquèrent nos vélos
pour l'effort de guerre, puis ce fut le tour de nos skis, de nos
manteaux chauds, de nos bottes d'hiver pour le front de l'Est.
Nous dûmes également remettre aux autorités nos thermo-
mètres, nos appareils photos, nos postes de radio... Bref: tout
ce que nous avions.

Nous ne pouvions plus acheter non plus de fruits, de
volailles, de fromage, d'oignons, de tabac... Nous devions
aussi attendre 18 h pour pouvoir faire nos emplettes avec nos
coupons de guerre. Les nazis étaient ainsi sûrs et certains
qu'il ne nous resterait plus que des miettes.

Du coup, nos menus étaient très limités et surtout très peu
variés. Il y avait du pain, du sucre, des œufs, parfois de la

viande, que papa achetait à prix d'or au marché noir, et surtout beaucoup de pommes de terre. Il nous est même arrivé de manger des saucisses pas très kasher. Maman, qui était contre, n'y touchait pas par respect pour la religion. «Il faut bien nourrir les enfants», semblait s'excuser papa.

Et dans ce domaine, comme dans d'autres, les choses ne firent qu'empirer après le début de la guerre mondiale en septembre 1939. Les premières restrictions de ravitaillement nous concernaient bien plus que les autres. Même les envois postaux venant de l'étranger étaient confisqués. Une manière de nous affaiblir.

Qui aurait eu la force de se révolter sans rien dans le ventre ?

Mais ce qui me choque encore le plus aujourd'hui, c'est l'étoile jaune sur nos habits. Nous les achetâmes quelques couronnes dans les locaux de la communauté juive de Prague avant de les coudre sur nos robes, nos manteaux et nos jaquettes. Ordre des maîtres! Dès le 1er septembre 1941, nous étions ainsi repérables loin à la ronde avec notre bout de tissu sur notre cœur.

Pour moi, c'était comme un coup de poignard. Cela me désignait *de facto* comme une personne de seconde classe, à qui les Allemands avaient retiré tous ses droits et toute protection légale. Je n'étais plus qu'une étoile. Une chose que les autres regardaient au mieux avec pitié et au pire avec de la haine dans les yeux. Je n'étais plus comme eux. Et je ne pouvais rien y faire et j'enrageais. J'aurais aimé arracher cette étoile. Mais il fallait obéir. Sous peine de se faire emprisonner ou battre par les nazis.

La peur gagnait du terrain. Diffuse au début, elle devint concrète après quelques mois. Elle se sentait dans la rue. S'il nous arrivait de croiser un soldat allemand ou un SS sur notre chemin, nous devions à tout prix éviter de planter nos yeux dans les siens. Nos maîtres savaient se faire respecter. Ils n'hésitaient pas à s'attaquer aux enfants de mon âge.

Un jour d'été 1941, alors que j'étais assise sur le bord d'une piscine publique de la Moldau, un SS faillit me noyer. Il me poussa soudain dans l'eau, son pied maintenant ma tête immergée. Je crus mourir. Je me débattais. Je suffoquais. Lui riait en se moquant de moi. Puis il partit comme il était venu. La raison de son geste? J'étais juive, voilà tout.

Depuis, j'ai la frousse de l'eau profonde. C'est plus fort que moi, je suis obligée d'avoir pied dans une piscine.

Le peu d'amis non juifs que mes parents avaient pu se faire à Prague nous tournèrent alors le dos. Je les comprends dans un sens. Eux aussi avaient leurs problèmes. Certains se montraient pourtant solidaires. Les ouvriers d'une usine de chocolats, près de Prague, arrivèrent un matin, des étoiles de David cousues sur leur poitrine. Ils furent punis bien sûr. Certains furent envoyés en prison.

Ceux qui se montraient trop proches des juifs pouvaient subir le même sort que nous : moins de cartes de ravitaillement, plus de tabac du tout... et surtout l'étoile. Ma sœur Esther, elle, choisit de partir illégalement. « Va si tu veux. Tu as ma bénédiction », lui dit papa le jour où elle lui parla de son projet. Ma grande sœur avait rencontré un jeune homme, Ziggy Berkowitz, son fiancé.

Nous devions être à la fin de l'année 1939. Esther s'engagea dans une organisation clandestine et elle réussit à fuir le pays avec une centaine de juifs. Parmi eux, de nombreux Allemands et Autrichiens. Leur périple dura six mois. Ils traversèrent d'abord la Slovaquie antisémite, la Hongrie hostile et la Roumanie, plus accueillante du moins au début de la guerre.

Puis le groupe embarqua sur un bateau à Constanta, le plus grand port roumain de la mer Noire. Direction la Palestine : le navire, un vieux rafiot pourri, resta bloqué dans des glaces durant l'hiver 1939-40. Mais leur calvaire n'était pas terminé : les autorités portuaires turques et anglaises qui contrôlaient les ports situés sur leur route leur interdirent d'accoster pour ravitailler. Ils ne voulaient pas de ces réfugiés juifs.

Ce long et difficile périple se termina dans le camp d'Atlit, non loin de Haïfa. Là, les Anglais gardèrent ma sœur quelque temps avant de la relâcher. Elle posa son sac près de Tel Aviv. De là, elle nous écrivit avant notre départ à Theresienstadt en août 1942. Papa nous fit apprendre son adresse par cœur. Il disait qu'ainsi nous aurions un point de chute commun si nous devions être séparés plus tard.

Mes parents avaient donné à Esther des bijoux et de l'or, bien cachés dans le bouchon de liège d'un thermos ou d'une bouteille, ainsi que quelques dollars aussi. Ils lui avaient également confié une grande partie de nos photos de famille. Peut-être le plus beau trésor qu'Esther ait emporté.

MON CHER VIOLON

J'aime la musique classique. J'ai toujours été attirée par les concertos, les symphonies, les chœurs ou les opéras de Mozart, Brahms, Beethoven ou Chopin.

Après notre arrivée à Prague, je demandai à papa de m'offrir un violon. J'avais encore dans la tête les mélodies jouées par Madame Godin et par l'orchestre de la colonnade de Karlsbad, qui avait bercé ma prime enfance.

Malgré nos problèmes financiers, mon père m'acheta un instrument d'occasion dans un magasin du quartier. C'était un bel objet. Abîmé ici ou là. Mais pour moi, il était aussi beau qu'un Stradivarius. Le son qui sortait de son cœur de bois était joyeux.

Mon violon, c'était mon refuge dans la tempête. Chaque jour, je le travaillais avec assiduité. Parfois plusieurs heures d'affilée, les fenêtres fermées. Je ne remercierai jamais assez mes parents et mes sœurs de leur patience. Pas facile d'entendre rabâcher par une apprentie musicienne les mêmes mélodies à longueur de journée !

J'avais à Prague un professeur de musique aveugle. Il s'appelait Miki Gros, la quarantaine d'années. Une maladie l'avait rendu aveugle lorsqu'il était enfant. Depuis, il avait deux billes de verre bleues à la place des yeux. Je les avais vues au fond d'un tiroir un jour où il m'avait demandé d'aller chercher une partition.

Gros était exigeant, mais tout à fait agréable. Il m'apprit tant. Ce fut également le cas de mon autre professeur, Karel

Fröhlich, un violoniste de renom et chef d'orchestre connu en Tchécoslovaquie. Après sa déportation à Theresienstadt, il fit carrière aux États-Unis d'Amérique où il a émigré en 1945. Quant à Miki Gros, il disparut dans les flammes de la Shoah. Les handicapés juifs n'avaient aucune chance de survie dans les camps.

Par leur enthousiasme et leurs connaissances, ces deux musiciens m'enseignèrent rapidement les bases. Elles me permirent d'intégrer l'orchestre de l'école juive de Prague, comme 2e violon. Nous jouions au moins une fois par semaine à Hagibor, une place de sport située dans le XXe arrondissement de la capitale, à une vingtaine de minutes en tram du centre. Mais souvent nous effectuions le trajet à pied. Les Allemands avaient l'habitude de chasser les juifs des transports publics.

Hagibor était aussi le dernier endroit où les porteurs de l'étoile jaune pouvaient se réunir librement. Sur cette bande de terre, nous organisions des parties de football, nous pratiquions la course à pied... bref, nous nous libérions d'un quotidien de plus en plus pesant.

C'était un havre de paix coincé entre deux cimetières : celui des chrétiens à l'ouest et des juifs à l'est, là où est enterré l'écrivain Franz Kafka. Aujourd'hui, le terrain de sport a laissé la place à un énorme bâtiment qui abrite les locaux, entre autres, de la radio Libre Europe/Radio Liberté. Un juste retour des choses finalement...

Brutalement, il me fut interdit de jouer du violon. En 1941, les Allemands exigèrent qu'on leur remît tous nos instruments de musique. Ils nous empêchaient ainsi de gagner quelques couronnes. Plus de musique, donc plus de sons et plus de présence... À partir de là, il était tellement plus facile de nous éliminer physiquement.

L'orchestre d'Hagibor durant l'été 1940. Ruth se trouve au premier rang, à droite du directeur. Elle tient son violon dans les mains. Elle ne regarde pas l'objectif.

Moi, j'étais décidée à ne pas remettre mon violon aux nazis. C'était mon instrument. Une partie de mon âme. De mon enfance.

Je pris alors une décision qui aurait pu avoir de graves conséquences pour ma famille si les nazis l'avaient apprise. Je confiai mon violon à un ami chrétien, Josef, un violoniste comme moi et surtout un des seuls non-juifs qui n'avaient pas peur de me parler.

Un matin, je pris le tram et je quittai mon district – ce qui était formellement interdit pour les juifs. Je cachai mon étoile jaune avec l'étui de mon instrument et je sortis du centre de Prague en direction d'un quartier d'immeubles de la banlieue proche.

Par chance, personne ne me contrôla sur le trajet de l'aller. Josef m'attendait chez lui. Nous ne parlâmes pas beaucoup. De toute manière, je n'avais pas assez de temps pour bavarder. Mon incursion hors de la zone réservée aux étoiles jaunes était assez dangereuse comme ça.

Si je m'étais fait prendre par une patrouille allemande ou si un mouchard m'avait dénoncée aux nazis, toute ma famille aurait été envoyée dans un camp de la mort. Le risque était énorme. Et d'ailleurs ni mon père ni ma mère n'étaient au courant de mon escapade. Ils m'auraient interdit d'y aller.

«Je te rendrai ton violon après la guerre», m'assura Josef au moment où je le quittai dans la cage d'escalier. «J'y compte bien», lui avais-je répondu, fièrement, avant de repartir en courant. Je pleurais. Je ne voulais pas que mon ami le vît.

Mon voyage de retour se passa sans encombre.

« À mort Hitler ! »

Cela peut paraître surprenant, mais les Allemands ne nous ont jamais interdit de fréquenter nos lieux de culte ni nos cimetières jusqu'à notre déportation en 1942. Papa et maman allaient toujours à la synagogue. Lala et moi suivions sans trop d'enthousiasme. J'étais aussi membre de la chorale des enfants de la synagogue espagnole de Prague.

On y chantait des prières durant le shabbat. J'avais même droit parfois à un petit solo. Cette synagogue, probablement la plus belle de toutes avec ses décors mauresques, riches et colorés, se situait à une quinzaine de minutes à pied de notre appartement, dans le quartier Josefov. Il a été baptisé ainsi en l'honneur de l'empereur Joseph II, qui fit preuve d'une exceptionnelle tolérance envers les juifs à la fin du XVIIIᵉ siècle.

Mon école se situait à proximité, dans les bâtiments de la communauté juive de la rue Jachymova. Elle avait été mise en place après notre expulsion par les Allemands des écoles publiques tchèques, au début des années 1940. Tout fut fait pour que notre scolarité ne pâtisse pas trop des contraintes de l'occupation nazie. Et même si les classes étaient surchargées, nous mîmes un point d'honneur à nous appliquer et à faire de notre mieux.

Après les cours, nous nous retrouvions dans le seul lieu où les Allemands nous fichaient la paix : le vieux cimetière juif. Il se trouve entre la synagogue Pinkasova, où sont inscrits les noms de toutes les victimes tchèques de la Shoah, et la salle des cérémonies.

L'endroit qui date du xve siècle est plutôt lugubre avec ces milliers de stèles funéraires, sombres et anarchiquement figées pour l'éternité, tantôt couchées sur l'herbe et cassées, tantôt recouvertes de mousse verte. Elles sont si serrées les unes contre les autres qu'elles ressemblent à une mer de pierres saoules, des zombies, au milieu d'arbres, centenaires eux aussi.

Là, nous rêvions à un monde meilleur. Nous parlions de tout et de rien. Un de nos jeux favoris consistait à écrire des vœux sur des petits bouts de papier. Nous les roulions et les glissions dans les interstices du monument funéraire de Rabbi Löw, un rabbin du xvie siècle.

Selon la légende, cet érudit aurait sauvé la communauté juive de Prague d'un exode certain décrété par l'empereur Rodolphe II. Le rabbin aurait alors intercédé auprès du souverain. Si bien d'ailleurs que ce dernier a ensuite pris les juifs sous sa protection.

Dans ce cimetière, nous nous intéressions aussi au Golem. Ce personnage mythique en argile aurait été fabriqué par Rabbi Löw pour protéger les juifs et les libérer des lourds travaux. Il lui aurait donné la vie en lui inscrivant le mot « vie » sur son front et en introduisant dans sa bouche un parchemin. Sur le papier, il aurait inscrit le nom « Dieu ». Au début, le Golem, qui ressemblait en gros à un robot, aurait rempli son œuvre à merveille.

Rabbi Löw aurait dû le désactiver pour éviter qu'il ne détruisît Prague dans un accès de colère. Nous imaginions, gamins que nous étions, que le Golem pouvait être encore endormi dans les combles de la synagogue Vieille-Nouvelle de Josefov. Nous pensions qu'il allait se réveiller pour botter les fesses des Allemands. Certains de mes camarades le

Les élèves de l'école juive de la rue Jachymova. Ruth est au milieu du 5ᵉ rang.

Ruth dans la cour de l'immeuble de la rue Soukenicka, à Prague, printemps 1942.

demandaient en tout cas sur nos petits papiers, un peu comme nous l'aurions fait au Mur des Lamentations à Jérusalem. D'autres souhaitaient une bonne santé à leurs parents. D'autres réclamaient la fin de la guerre et le départ des nazis ou encore leur retour chez eux. «À mort Hitler!», avaient même écrit quelques jeunes. Comme autant de bravades.

Un jour du printemps 1941, les Allemands nous interdirent d'aller nous recueillir sur la tombe du Rabbi Löw et d'invoquer le Golem, qui, soit dit en passant, a inspiré l'histoire de Frankenstein. Ils étaient très certainement tombés sur nos messages. Ce n'était pas grave. Ces petits papiers nous donnaient de la force, du courage et aussi de l'espoir. Et aujourd'hui encore, chaque fois que je me rends dans la ville aux Cent Clochers, je vais sur la tombe du rabbin et je glisse un message en papier.

Imaginer l'an **2000**... en **1942**

La photo de classe est traditionnelle. Elle aurait pu être prise dans n'importe quelle ville, à n'importe quelle époque ou presque. Une trentaine d'adolescents sont assis sur les chaises et les bancs de leur salle d'école. Les filles, chemisette blanche, cheveux finement peignés, sont devant. Les garçons, veston sombre, chemise claire, sont derrière.

Certains sont debout sur leur pupitre. L'enseignante est assise devant, au milieu des filles. Des sourires se dessinent sur quelques visages. Mais on sent une certaine gravité. Moi, je suis installée au premier rang, tout à gauche. Mes mains sont sagement posées sur le pupitre. Mon étoile jaune est clairement visible sur ma poitrine.

J'avais 13 ans et des poussières. Dans un mois, le lundi 10 août 1942, je serais déportée à Theresienstadt avec toute ma famille. À l'époque déjà, le nombre de mes camarades diminuait chaque jour. Comme celui des enseignants de l'école juive d'ailleurs. Les convois vers les ghettos et les camps de l'Est se multipliaient. Les rafles et les arrestations aussi.

Depuis la fin de l'année 1941, les Allemands vidaient Prague et le Protectorat de Bohême-Moravie de ses juifs. Une œuvre d'Adolf Eichmann et de Reinhard Heydrich, grand organisateur de la Shoah. Il présida en janvier 1942 la conférence de Wannsee. Les nazis y planifièrent l'extermination des miens.

Notre scolarité fut chaotique, surtout depuis notre expulsion des écoles publiques durant l'année scolaire 1939-1940. Certes nous avions des cours de maths, de tchèque, de religion, d'histoire, de dessin, de musique, mais ils étaient irréguliers. Le programme changeait au rythme des déportations. Parfois, je me transformais en surveillante de classe pour remplacer un professeur arrêté le matin même.

Un jour, un de nos enseignants nous a demandé d'imaginer le monde en l'an 2000. Bien sûr, la plupart d'entre nous voyaient une Tchécoslovaquie en paix, sans Allemand, sans violence. Pour l'un de mes camarades, l'homme atteindrait la lune et il y aurait des progrès technologiques fabuleux, comme les avions à réaction. Un visionnaire.

Il y avait aussi Petr Ginz. Ce garçon, très studieux et merveilleux dessinateur, tint pendant deux ans un journal secret pour les jeunes lecteurs du camp de Theresienstadt. Son « *Vedem* » (« Nous menons »), dont il fut le premier et seul rédacteur en chef, racontait la déchéance des juifs tchèques. Petr fut transféré à Auschwitz en septembre 1944. Il fut gazé à sa descente du wagon.

Il nous reste aussi son carnet journalier de Prague qui a été retrouvé en 2002 dans un grenier de la capitale tchèque. Comme Anne Frank, il raconta avec justesse les conditions de vie de la communauté juive, les juifs giflés, battus et insultés dans les rues. Il parla des rafles, des interdictions d'acheter des fruits, du fromage, du tabac, ou de se promener sur les berges du Danube, des juifs qui devaient se déchausser en pleine rue et remettre leurs chaussures matelassées aux nazis.

Un de ses dessins, « La terre vue de la Lune », fut également emporté par l'astronaute israélien Ilan Ramon lors du vol de la navette Columbia qui explosa en vol lors de son retour sur terre. C'était le 1er février 2003. Son paysage lunaire figure même sur les timbres tchèques de 31 couronnes…

Photo de la classe de Ruth prise le 10 juillet 1942. Ruth se trouve au premier rang, tout à gauche. Elle sera la seule à survivre à la Shoah.

Dans son livre, Petr raconta aussi comment fut prise ma photo de classe : « Le photographe s'est installé sur la table. Nous nous sommes assis sur les bancs. L'appareil photo était une petite boîte en bois sur quatre pieds. Le photographe a préparé le magnésium. Il l'a allumé et il nous a photographiés en un éclair. Le tout a duré 3-4 secondes. »

De tous mes amis de la classe, je suis la seule survivante de la Shoah.

LA DÉNONCIATION

Boum, boum, boum... Trois coups de poings contre la lourde porte en bois de notre appartement et un cri en allemand : « *Polizei !* » Six hommes de la Gestapo, portant des manteaux en cuir sombre, entrèrent sans ménagement dans notre petit univers alors que le soleil de l'été 1941 venait à peine de se lever. « Où est ton argent ? », demandèrent-ils à mon père. « Je n'en ai pas », répondit-il, sans se départir de son sourire.

Forcément, ils ne le crurent pas et commencèrent à fouiller la maison. Ils ouvrirent les tiroirs et les armoires. Ils jetèrent au sol les piles d'habits, les livres et les documents de famille. « Il est où ton argent ? », répétèrent les Allemands.

Cachée derrière maman qui se tenait près de la porte d'entrée, j'observais papa en train de leur parler. Il leur expliquait qu'il ne comprenait pas, qu'il n'avait plus rien, que nous étions pauvres comme tous les autres juifs et qu'il avait remis tout ce qui lui appartenait aux autorités allemandes comme elles l'avaient exigé.

Les nazis, occupés avec mon père, ne virent pas maman me donner un gros paquet de billets de banque. « Mets tout cela dans ton tablier et va chez ta copine au troisième étage ! Ne reviens pas. Je viendrai te chercher », me chuchota-t-elle, en me demandant d'emmener Lala avec moi.

Elle nous y retrouva quelques heures plus tard, mais papa avait été arrêté et emmené à la prison de Pankrác, une banlieue au sud de Prague, nous annonça-t-elle en pleurant.

Papa resta presque un an en prison. Et nous ne pouvions le voir qu'une fois par mois à travers de gros barreaux et durant une dizaine de minutes. Les nazis lui avaient coupé sa belle moustache. Cet enfermement rendait son visage très triste. Il maigrissait à vue d'œil. Devant nous, il affichait toujours le même optimisme. Il assurait que tout allait bien. Nous pleurions.

Et l'argent que mes parents avaient caché dans l'appartement? Les nazis ne le trouvèrent pas. Ils ne pensèrent pas à chercher dans les tringles des rideaux et dans les murs. Ce trésor de guerre, conservé depuis notre départ de Karlsbad, nous a permis de tenir. Avant son incarcération, mon père ne pouvait plus travailler. Et il était réquisitionné régulièrement par les Allemands ou la communauté juive pour dégager la neige des rues de Prague, parfois pour des travaux de réparation ou d'entretien.

Ce que j'appris après la guerre, c'est que les nazis n'avaient pas débarqué chez nous par hasard. Nous avions été dénoncés par un certain Leo, un ami de ma grande sœur Esther. C'est lui qui avait dit aux Allemands que mes parents conservaient de l'argent liquide.

Un crime à l'époque: ils auraient dû le remettre aux autorités quelques mois plus tôt. Pourquoi Leo nous a-t-il trahis? A-t-il réussi ainsi à éviter un transport à l'Est pour lui ou sa famille? Chacun sauvait sa peau, tous les coups étaient permis. Il y avait peu de solidarité entre les juifs à l'époque. Les salauds étaient aussi parmi nous.

Ce n'est qu'un peu plus d'un an plus tard, le jeudi 6 ou le vendredi 7 août 1942, je ne m'en souviens plus avec précision, que les policiers revinrent frapper à notre porte. Il devait être 10 h ou 11 h du soir. Ils nous ordonnèrent de nous présenter le lendemain matin au Palais des expositions de Prague.

Pas plus de 20 kg de bagages, pouvait-on lire sur la convocation que nous tendirent les hommes de la Gestapo. C'était notre tour. Nous nous y attendions depuis quelques semaines déjà et nos valises étaient prêtes. Tant de nos camarades étaient déjà partis. Tant de nos amis. Tant de nos connaissances.

Notre problème, c'est que papa n'était toujours pas avec nous. Nous étions effondrées. Lala, maman et moi ne savions pas ce que nous allions devenir sans lui.

Numéro 849

Papa était là. Il était devant nous, à l'entrée du Palais des expositions, au milieu de la foule orchestrée par les cris des gardes nazis. Il était là dans un chaos indescriptible. Lala, maman et moi le serrions fort contre nous, les joues trempées. Les Allemands l'avaient libéré de sa prison.

« Tout va bien. Vous ne risquez rien. Je suis de retour », assénait-il. Lui aussi avait les yeux humides. Finalement, maman avait bien fait de se rendre dans les locaux de la Gestapo pour exiger que papa soit déporté avec nous à l'Est. À plusieurs reprises, elle était allée réclamer sa libération.

Je ne dirai assez mon admiration pour cette femme qui n'hésita pas à se jeter dans la gueule du loup pour l'homme qu'elle aimait. Quel courage !

Nous restâmes deux ou trois jours dans l'énorme bâtisse située au nord de Prague, de l'autre côté de la Moldau. Deux mille, peut-être trois mille personnes y étaient entassées. Nous dormions sur des paillasses posées à même le sol. La journée, nous étouffions. Les nuits, il faisait un froid glacial. Tout était sale, puant. Il fallait des heures de queue pour atteindre les quelques toilettes qui étaient prises d'assaut par les prisonniers. Bien sûr elles débordaient.

Il fallait aussi des heures pour approcher du filet d'eau dont on devait se contenter pour se laver. Des heures pour avoir un petit quelque chose à manger. Par chance, maman avait emporté avec elle des biscuits salés aux oignons. Elle nous les coupait par petites tranches pour calmer notre faim.

Il fallait patienter aussi des heures dans des queues pour nous immatriculer, pour être comptés, pour leur remettre nos dernières richesses ou pour leur donner les clefs de nos appartements.

Nous étions inquiets. D'autant que les Allemands, nerveux, nous frappaient pour un rien. « *Ordnung muss sein* » : l'ordre allemand, toujours l'ordre allemand. Et chaque fois, nous étions menacés si nous ne coopérions pas. L'entraînement pour Auschwitz débutait dans le bruit des bottes de nos gardes sur le sol en bois. Ce bruit dur et rythmé, qui ressemble à celui des talons d'une chaussure de femme sur le goudron, me fait peur encore aujourd'hui quand je me promène dans la rue.

La plupart du temps, je m'arrête et je me retourne pour être certaine que ce n'est pas un SS qui me suit. Je sais, c'est ridicule. Mais les vieux réflexes ont la vie dure.

Puis le matin du 10 août, nos geôliers nous réveillèrent très tôt. Il faisait encore nuit. Nous sortîmes alors du Palais, nos valises à la main, nos baluchons sur l'épaule et une étiquette indiquant notre numéro de déporté au cou. J'avais le 849, maman le 794, Lala le 850 et papa le 356.

Nous marchâmes dans les rues en rangs serrés, la tête basse, pour atteindre la gare de Bubny toute proche. Personne n'a dû voir ce défilé triste et silencieux. Tout le monde dormait. Sauf nos gardes, leurs chiens, et nous ne pensions même pas à nous échapper. Nous ne pouvions guère aller bien loin : nous n'avions plus de papiers.

Nous étions aussi terrorisés par les Allemands : leur machine répressive tournait à plein régime. Et nous avions tous en mémoire le martyre du village de Lidice rayé de la carte le 10 juin 1942. Ce drame avait suivi l'assassinat de Reinhard Heydrich. Le protecteur adjoint du Reich en Bohême-Moravie avait été abattu en pleine rue de Prague par deux agents tchèques formés en Angleterre, Josef Gabcik et Jan Kubis.

En tout, 340 femmes et hommes furent tués lors de cet acte de vengeance aveugle. Les survivantes furent déportées dans le camp de concentration de Ravensbrück. Quant aux enfants qui correspondaient aux critères de la race aryenne, ils furent placés dans des familles allemandes. Les autres furent gazés dans le camp d'extermination de Chelmno, près de la ville polonaise de Lodz. Leur faute? Les nazis leur reprochaient d'avoir soutenu les auteurs de l'attentat.

Ce lundi matin, nous montâmes finalement dans les wagons. En silence. Nous pensions que nous serions bien traités dans les camps de travail à l'Est. Les Allemands nous l'avaient assuré. Nous aurions à manger. Et nous serions plus libres.

Puis le convoi « Ba » s'est mis en branle vers une destination inconnue encore. J'ai su plus tard que 1 460 personnes avaient été expédiées ce jour-là vers le ghetto. Il y avait essentiellement des personnes âgées et des familles. Seuls une poignée d'entre nous ont survécu.

PARTIE 3

THERESIENSTADT (1942-1943)

MARCHE VERS L'INCONNU

Le train s'arrêta dans un puissant fracas métallique. Puis les lourdes portes des wagons coulissèrent les unes après les autres. 1 500 personnes fantômes, baluchon sur l'épaule, évacuèrent le sinistre convoi. Des gendarmes tchèques et des SS, eux aussi du voyage, surveillaient le mouvement. Nous nous trouvions à la gare de Bohušovice nad Ohří, au nord de la Tchécoslovaquie. Nous étions dans notre pays. C'était la seule bonne nouvelle du jour.

Nous marchâmes plus d'une heure en colonne jusqu'à l'ancienne citadelle de Theresienstadt. Elle avait été bâtie à la fin du XVIIIe siècle par l'empereur autrichien Joseph II qui lui avait donné le nom de sa mère, l'impératrice Marie-Thérèse.

À peine avions-nous mis le pied dans l'imposante garnison que nous fûmes séparés. Les hommes à gauche. Les femmes à droite. Nos maigres bagages furent une nouvelle fois fouillés. Le but de la manœuvre? Rechercher l'argent, les bijoux, les cigarettes ou les cosmétiques que nous aurions pu cacher.

Nous passâmes une nuit dans ce point de contrôle, la « Schleuse », avant d'entrer, le lendemain matin, dans cette énorme prison à ciel ouvert entourée par de hautes murailles. Je me sentis d'emblée oppressée entre les anciennes casernes aux murs décrépis, que les nazis avaient rebaptisées avec des noms de villes ou de régions allemandes comme Dresde, Magdebourg ou Hambourg, et les maisons d'habitation plus petites qui avaient été abandonnées par leurs occupants en novembre 1941, au moment où les SS avaient ouvert le ghetto.

Ce n'était pas étonnant. Au moment où nous arrivâmes dans la garnison, elle était surpeuplée. Elle était construite pour accueillir 5 000 personnes. Nous étions entre 30 000 et 40 000 habitants, en provenance de Tchécoslovaquie bien sûr, mais aussi d'Autriche, d'Allemagne ou de Hollande. Et chaque jour ou presque, de nouveaux déportés débarquaient, si bien que les nazis avaient dû construire des baraques en bois.

J'avais changé de planète en quelques heures. Et le seul lien avec ma vie d'avant glissait le long du mur est de la ville où les rues se coupent à angle droit. C'était notre bonne vieille rivière Ohře qui passait par Karlsbad. Après un cheminement de plus de 300 kilomètres à travers la Bohême, elle se jette dans l'Elbe à Litoměřice, à quelques kilomètres de Theresienstadt. Et autre hasard de l'histoire, l'Elbe rejoint la mer du Nord, en passant par Hambourg où je fus déportée en 1944.

Après notre séparation, papa rejoignit les cantonnements de la caserne Hanovre tandis que Lala fut placée dans le foyer de jeunes filles, à côté de l'église désaffectée du ghetto.

Les enfants y étaient rassemblés pour recevoir une éducation sommaire par des enseignants qui n'avaient ni cahier ni livre scolaire et qui transmettaient leur savoir par cœur. En fait les Allemands leur interdisaient de nous instruire. En vain. La résistance à la machine nazie passait par les cerveaux dans les camps.

Maman et moi posâmes notre sac dans une des chambres de la maison L315, à la Langestrasse, en face de la grande place du marché. La chambre où je dormais était plutôt spartiate. Il s'agissait d'une petite pièce avec une dizaine de paillasses posées par terre, à même le sol, les unes contre les autres. Je disposais en tout et pour tout d'un mètre carré d'espace vital pour mes affaires, mes quelques culottes et habits que j'avais pu emporter. Il était difficile dans ces conditions d'avoir un brin d'intimité. En plus, il fallait cohabiter avec des femmes qui faisaient des cauchemars toute la nuit, d'autres encore qui pleuraient, d'autres qui volaient...

Je pus m'appuyer sur maman qui se montra très forte. Elle réconforta toutes celles qui craquèrent. Et grâce aux biscuits salés aux oignons confectionnés à Prague et qu'elle réussit à cacher aux Allemands lors des différentes fouilles, elle tissa très rapidement un réseau solide d'amitiés.

Lala nous rejoignit quelques jours après notre arrivée. Comme elle ne supportait pas d'être éloignée de maman, elle quitta le home pour les enfants. Les trois femmes de la famille étaient de nouveau réunies et nous n'allions plus nous quitter jusqu'à la fin de la guerre.

La mort déjà

On mourait beaucoup à Theresienstadt, même s'il devait être « aussi différent des autres camps que le jour l'est de la nuit », selon les termes mêmes d'Adolf Eichmann. Ainsi, entre l'ouverture du ghetto en novembre 1941 et sa libération par les Soviétiques en mai 1945, plus de 33 000 déportés y laissèrent leur peau, un taux de mortalité de 20 % environ.

Le nombre de décès était d'ailleurs tellement élevé qu'en 1942 les Allemands installèrent au sud de la ville un four crématoire. Près de 200 corps y étaient brûlés chaque jour. Leur poussière était ensuite tamisée : les dents en or faisaient le bonheur des nazis qui remplissaient des urnes funéraires à tour de bras. Vers la fin de la guerre, les nazis ont finalement jeté ces cendres dans les flots de l'Ohře afin d'effacer les traces de leurs crimes. Une des premières pierres de l'édifice du négationnisme.

Je pus constater sur place que la situation des personnes âgées était particulièrement catastrophique. Elles tombaient par milliers, parfois au milieu de la rue, faute de soins et de nourriture en suffisance.

Or pour cacher cette hécatombe, les Allemands les parquèrent dans une caserne à l'écart, celle des cavaliers, et les laissèrent mourir à petit feu bien que beaucoup fussent d'anciens combattants allemands et autrichiens de la Première Guerre mondiale.

Les malheureux pensaient débarquer dans une ville modèle où ils pourraient passer leurs vieux jours à l'abri des persécutions. Le ghetto était cyniquement décrit comme une « station thermale » par la propagande nazie. « J'ai payé ma chambre. Où est-elle ? », demandaient certains vieux qui erraient, comme fous, dans les rues couvertes de monde.

Sans arrêt le corbillard tiré par un cheval parcourait la ville et récoltait sa moisson de cadavres. J'appris très rapidement à quoi ressemblait un être humain mort de faim, d'épuisement ou d'une maladie, fantôme squelettique d'une femme ou d'un homme qui n'avait plus que la peau sur les os.

Moi aussi je perdis du poids. Beaucoup même. J'avais faim tout le temps. Cette faim qui vous grignote vos forces. Cette faim obsédante, affolante, quand votre ventre n'est plus qu'une boule de crampes. Elle vous ronge.

Par chance, papa travaillait aux cuisines. Il put me donner de temps en temps des suppléments de pommes de terre, de soupe ou de pain au moment où il distribuait notre pauvre nourriture. Au menu : du pain plein de sciure avec un liquide sombre sans goût le matin, une soupe infâme de lentilles et de pois chiches à midi, et le soir, une nouvelle ration d'eau trouble. Les queues étaient interminables et nous attendions dehors gamelle à la main par tous les temps.

Depuis, j'ai une sainte horreur des queues devant les buffets de réception. N'y voyez aucun snobisme, la vision de ces gens qui attendent pour recevoir leur nourriture est un rappel trop douloureux du temps des camps.

Pour survivre à Theriesenstadt, j'ai dû apprendre à gérer ma faim et ma nourriture. Chaque miette, chaque cuillerée, chaque atome de nourriture comptait. Et rien ne nous échappait. Si bien que des bagarres éclataient souvent pour un morceau de pain ou parce qu'un tel prétendait qu'un autre lui avait volé de la soupe.

Et encore aujourd'hui, alors que je vis dans une société de consommation, je ne supporte pas de jeter de la nourriture et d'en gaspiller. Une miette, c'est une miette. Il faut la manger.

Il fallait aussi résister à l'envie de manger du bois, de l'herbe ou de la terre. Ainsi un jour de l'hiver 1942-1943, mon père me tendit une cigarette. «Cela t'aidera à calmer ta faim», me dit-il. Je le regardai, surprise, lui qui reconnaissait volontiers que le tabac n'était pas fait pour les enfants. Et encore moins pour sa fille de 14 ans.

Je pris le mégot dans les mains. Il s'agissait en fait d'une feuille de papier à lettre roulée autour de quelques grammes de tabac noir. Je le mis dans ma bouche et je l'allumai avec la cigarette que fumait papa.

La fumée âcre et chaude me fit tousser à plusieurs reprises. J'avais l'impression qu'on me versait de l'eau bouillante dans les poumons et qu'ils allaient se déchirer. Mais comme papa avait raison. C'est le meilleur coupe-faim que je connaisse.

En plus, la cigarette, c'était comme de l'argent dans un camp. Elle vous permettait d'acheter de la nourriture, des avantages, comme un commando plus facile et même la bienveillance d'un kapo ou d'un caïd du conseil juif qui pouvait ainsi intervenir pour vous éviter un transport à l'Est.

Mais la faim n'était pas mon seul ennemi. Le froid également usait mes défenses. Nous n'avions pas de vêtements chauds. Pas de couverture. En hiver, il fallait parfois se blottir les unes contre les autres pour ne pas mourir de froid.

Nous manquions d'eau potable également. Et l'hygiène était lamentable malgré le parfum du ghetto, ces tonnes de chlore que les SS utilisaient pour faire désinfecter les lieux.

Je fis à cette époque la connaissance des puces, poux et autres punaises qui attaquaient nos corps affaiblis. Ces insectes étaient partout. Dans les cheveux, sur le corps, mais aussi dans les paillasses, sur les murs, dans nos affaires. C'était l'invasion.

Nous passions notre temps libre à les chasser. Comme les singes, nous fouillions les cheveux de nos voisines à la recherche de ces petites bêtes qui nous assaillaient sans cesse. Nous les écrasions ensuite entre nos doigts. Tout un art. Puis nous cherchions les lentes, qui connaissaient le même sort. Je me souviens encore de la puanteur de ces poux écrabouillés. Un mélange d'excréments et d'herbe pourrie.

Il y avait aussi les rats que j'entendais couiner le soir dans les coins de la pièce et qui s'en prenaient à nos affaires durant notre sommeil.

Dans ces conditions, il n'était pas étonnant que les épidémies sévissent les unes après les autres à Theresienstad : encéphalite, maladie du sommeil, jaunisse, gastro-entérite, dysenterie, gale... Et nous ne pouvions pas faire grand-chose. Nous n'avions pas de médicaments. La mort avait trouvé un terrain de jeu idéal.

J'AI SAUVÉ MA FAMILLE

Si tu veux survivre dans un camp, tu dois travailler. La règle était simple. Sans pitié. Seuls les déportés qui participaient à l'effort de guerre du Reich recevaient des maigres rations. À Theresienstadt, il y avait ainsi des ateliers de menuiserie, de serrurerie, des forges... Les femmes raccommodaient les uniformes déchirés, troués et souvent ensanglantés des soldats de l'armée allemande. Ils étaient envoyés du front de l'Est où les nazis se battaient contre les Soviétiques.

Chaque matin, des commandos quittaient la garnison pour des briqueteries, des tanneries, des tuileries des environs.

Très rapidement après mon arrivée dans le ghetto, je fus réquisitionnée pour le travail forcé. Tous les enfants de plus de 14 ans l'étaient. Dix à douze heures par jour, je dus travailler dans les potagers que les nazis avaient plantés sur les murailles de notre prison à ciel ouvert. Ils y faisaient pousser des carottes, des salades.

La tâche était pénible pour la jeune fille de 14 ans que j'étais. Mes mains me faisaient mal. Le bois des fourches, des plantoirs, des râteaux, des bêches ou des brouettes écorchait ma peau qui n'était pas habituée à de tels travaux manuels. Après quelques semaines, mon dos était voûté comme celui d'une vieille femme. Et mes articulations grinçaient.

Mais au moins, du haut des fortifications, je pouvais regarder au loin, entendre les sons de la vie de tous les jours, voir passer des gens ordinaires qui ne portaient pas mon étoile jaune. Comme nous. L'espoir se nourrit de ces petites gouttes de vie.

Quelques heures par jour, je m'éloignais de cette « étable de l'abattoir », comme l'a écrit Ruth Klüger dans son *Refus de témoigner*.

En revanche, il nous était interdit de chaparder de la nourriture pour améliorer nos rations quotidiennes. Les Allemands nous prévinrent : tout vol serait considéré comme du sabotage et sanctionné par la mort ou par un transport à l'Est.

À nos oreilles, ce mot résonnait comme une condamnation, comme le synonyme de souffrance. Sans être au courant de ce qui se passait dans les camps de travail, nous savions qu'il valait mieux ne pas partir. Personne n'en était revenu. Ce n'était pas bon signe.

Je compris après la guerre que le ghetto fut l'antichambre de l'extermination, un centre de rassemblement pour les déportations vers les ghettos de Riga, Varsovie, Lodz, Minsk, Bialystok et vers les camps de la mort de Treblinka, de Maïdanek et d'Auschwitz-Birkenau. Ainsi 88 000 internés de Theresienstadt furent déportés vers l'Est. La moitié fut gazée à la descente du train.

En août 1943, une amie de maman apprit que c'était notre tour de quitter Theresienstadt. Maman, Lala et moi étions paniquées. Mais cette femme, infirmière à l'hôpital misérable du ghetto, nous proposa une solution : que l'une d'entre nous tombât malade. Imparable, dit-elle, les Allemands ne déportant que les familles au complet.

Je fus choisie parce que j'étais plus forte que Lala. L'infirmière me tendit ainsi un morceau de sucre imbibé de benzine. Ce mélange faillit me faire vomir, mais surtout il provoqua une réaction épidermique qui ressemblait à la scarlatine. Mon ventre fut très rapidement recouvert de petits boutons rouges. J'avais mal à la tête.

Le médecin, un interné comme nous, n'hésita pas. Il m'hospitalisa. Le transport de septembre partit sans nous. Et le plus piquant dans cette histoire, c'est que je tombai malade de la scarlatine durant mon séjour à l'hôpital.

Et c'est ainsi que j'ai sauvé ma famille. Les 3 800 déportés des deux convois qui quittèrent Theresienstadt le 6 septembre 1943 furent anéantis dans les chambres à gaz de Birkenau six mois après leur arrivée.

Le massacre eut lieu durant la nuit du 8 au 9 mars. Ils étaient des SB, des «*Sonderbehandlung*» (un traitement spécial) avec une quarantaine de six mois. Ils eurent six mois de répit, sans sélection pour la mort. J'allais être également une SB du mois de décembre 1943. Mon sort serait scellé vers le mois de juin 1944.

JE CHANTE, DONC JE SUIS

Theresienstadt avait deux fonctions pour les nazis. Il servait d'une part de camp de transit pour les juifs du Protectorat de Bohême-Moravie et, d'autre part, de ghetto pour les juifs du Reich âgés de plus de 65 ans et pour les «*Prominenten*». Ces derniers, des peintres, des savants, des scientifiques, des diplomates, des juristes, des professeurs d'université, des médecins, des musiciens ou des intellectuels de haut vol, posaient problème aux Allemands.

Qu'allait-il se passer si leur disparition ameutait l'opinion publique et suscitait des questions au sujet du sort réservé au peuple juif tout entier? Les SS ne voulaient pas prendre ce risque tandis que le CICR recevait des demandes toujours plus nombreuses de familles qui s'inquiétaient pour leurs parents déportés et dont elles n'avaient plus de nouvelles.

Ils permirent aux détenus de correspondre par courrier avec l'extérieur, même si ces lettres étaient rigoureusement surveillées et censurées. Certains reçurent ainsi des paquets de nourriture afin d'améliorer leur ordinaire. Malheureusement, ma famille n'avait aucun ami juif qui aurait pu nous aider.

L'élite juive emprisonnée par les nazis ne tarda pas à reprendre vie dans le ghetto. Elle mit sur pied des écoles où les plus jeunes purent poursuivre tant bien que mal leur scolarité. En outre, malgré la fouille minutieuse dont nous avions fait l'objet à notre entrée au camp, certains musiciens purent introduire, le plus souvent en pièces détachées, des violons, des clarinettes ou encore des violoncelles à Theresienstadt. D'autres recopièrent de tête des partitions sur des feuilles de fortune.

La vie culturelle fut souterraine tout au début, puis elle éclata au grand jour vers l'été 1942, au moment où les nazis comprirent que toute cette agitation pourrait servir leurs intérêts de propagande et accréditer la thèse d'une ville agréable et ouverte. Ils prirent même la peine de faire tourner un film en juillet 1944 (*Le führer donne une ville aux juifs*) par l'acteur et réalisateur juif allemand Kurt Gerron. Ce dernier avait joué au côté de Marlène Dietrich dans *L'Ange bleu*. Il fit partie du dernier convoi pour Auschwitz, où il fut gazé dès son arrivée le 15 novembre 1944.

Des conférences furent également données. Il y eut une bibliothèque riche de 130 000 volumes vers la fin 1944. Des écrivains, notamment Karel Polacek, Pavel Friedmann ou Ilse Weber, composèrent des textes et des poèmes. Des peintres couchèrent sur le papier la terrible réalité de Theresienstadt. Certains réussirent même à sortir illégalement des dessins du ghetto. Ils le payèrent de leur vie.

Les SS laissèrent aussi se constituer des chœurs et des orchestres dont les Ghetto Swingers, un groupe de jazz. Des pièces de théâtre, des opéras comme *Carmen*, *Tosca* et *Rigoletto* ont été ainsi montés dans le ghetto. Les musiciens jouaient du Mahler, du Schoenberg, interdits ailleurs, mais aussi du Bizet, du Schubert, du Debussy. Des pièces furent même composées dans le camp. Et souvent les nazis assistèrent aux concerts. Ils étaient de bons mélomanes.

De mon côté, je n'eus pas l'occasion de rejouer du violon. Tout d'abord, je n'en avais plus sous la main. Et ensuite, même si j'avais pu emporter avec moi mon instrument de Prague, je n'en avais plus envie. Il fallait garder mon énergie pour me concentrer sur ma propre survie.

En revanche, je chantai dans différents petits chœurs et surtout je transportai à l'occasion le pupitre du chef Karel Ančerl. Ce musicien exceptionnel, qui dirigea l'orchestre du pavillon du ghetto, dira plus tard que la musique lui permit de « supporter les heures les plus dures de sa vie ».

Je le revis à Montreux au début des années 1970 alors qu'il dirigeait le Symphonique de Toronto. Il avait fui la Tchécoslovaquie en 1968. Les communistes n'aimaient pas non plus les juifs. Ančerl et moi nous tombâmes dans les bras l'un de l'autre. Il pleurait, moi aussi.

À Theresienstadt, j'assistai à la première de *Brundibar*, le ronchon. Ce petit opéra pour enfants du compositeur tchèque Hans Krasa, gazé en octobre 1944 à Birkenau, fut joué le 23 septembre 1943 dans le grenier de la caserne Magdeburg. Ce dernier était plein à craquer.

L'histoire est simple : un frère et une sœur, Pepicek et Anicka, doivent se procurer de l'argent pour soigner leur mère malade. Ils gagnent des sous en chantant sur la place du marché, mais en sont chassés par le méchant joueur d'orgue de Barbarie, le Ronchon, le *Brundibar* en tchèque. Il a peur de cette jeune concurrence. Mal lui en prend, il est poursuivi et puni par les enfants aidés par leurs amis et des animaux, le Chien, le Chat et le Moineau notamment, doués de parole. La Justice et le Bien l'emportent sur le Mal.

Cette histoire ressemblait furieusement à celle de millions d'enfants juifs pourchassés par les nazis. Autant de gamins qui auraient bien aimé que le monde vienne les aider. Le plus étonnant est que les Allemands n'ont pas censuré le contenu de cet opéra pour le moins subversif. Pensez donc : les faibles qui chassent le maître. Nous en rêvions tous…

Brundibar fut chanté une cinquantaine de fois à Theresienstadt. Il l'est encore de nos jours. En 2006, les enfants de l'Opéra de Poche de Genève le montèrent. Ces filles et ces garçons m'ont longuement interrogée sur l'enfer des camps, lorsque je suis allée voir leur représentation. Nous avons pleuré ensemble. J'aurais tellement aimé être à leur place, avoir leur âge et revivre ma jeunesse.

Les déportés ont aussi chanté le *Requiem* de Verdi à plusieurs reprises dès le mois de septembre 1943. C'était l'hymne de la résistance en pleine tourmente concentrationnaire. Imaginez notre émotion quand nous écoutions le *Libera me* en présence des Allemands. Nous avions tous le cœur déchiré...

Mais tout cela était bien fragile. Raphaël Schächter, le pianiste et chef d'orchestre tchécoslovaque qui décida de monter l'œuvre de Verdi, devait trouver continuellement de nouvelles voix. Le chœur comptait 150 chanteurs et chaque jour ou presque des transports décimaient ses rangs. Schächter arpentait ainsi les baraquements-mouroirs en quête de ténors, de basses, de cors et de contrebasses...

Il voulait prouver «l'imposture, l'aberration des notions de sang pur ou impur, de race supérieure ou inférieure, démontrer cela précisément dans un camp juif par le moyen de la musique, cet art qui mieux peut-être que tout art lui semblait pouvoir révéler la valeur authentique de l'homme», a écrit Joseph Bor dans *Le Requiem de Terezin*. «Cette musique italienne, composée sur un texte latin, inspirée par des prières catholiques, serait interprétée par des chanteurs juifs, des musiciens de toutes nationalités. Et l'exécution de ce *Requiem* dans un ghetto serait dirigée par un chef d'orchestre athée.»

Raphaël Schächter, qui voulait raconter «entre autres choses comment le ciel a pu se perdre en enfer et comment l'enfer est monté au ciel», est mort à Auschwitz le 17 octobre 1944. Il était au pupitre quand la pièce fut même jouée en l'honneur des envoyés du Comité international de la Croix-Rouge (CICR) en juin 1944.

Les SS les invitèrent pour leur montrer que Theresienstadt n'était pas l'enfer dont on parlait. Pour l'occasion, les nazis avaient exigé du conseil juif de remettre la ville à neuf. Des jardins d'agrément furent plantés. Les maisons furent repeintes, les baraquements nettoyés, des concerts organisés et de faux magasins et cafés construits à la hâte.

Une école fut également ouverte. Mais surtout les nazis vidèrent le ghetto de ses habitants les plus maigres, les plus mourants et surtout les plus vieux. Les convois vers les chambres à gaz furent nombreux au printemps 1944 selon les historiens.

La mise en scène fut si parfaite que la délégation du CICR, dirigée par Maurice Rossel, trouva qu'il faisait bon vivre à Theresienstadt. Quand je lis aujourd'hui son rapport de visite, je suis effarée. Comment avoir été aussi naïf et avoir cru que le ghetto était un « Endlager », un camp terminal d'où on ne repartait pas !

Mais ce qui me met hors de moi, c'est la mauvaise foi de l'institution genevoise et de Maurice Rossel après la guerre. Je me rappelle avoir participé à un débat à la Télévision suisse romande, dans les années 1970, durant lequel un délégué du CICR tint mordicus à m'expliquer que son employeur n'avait pas fauté dans cette affaire. Que les camps et les ghettos étaient une affaire interne aux Allemands, qu'elle ne concernait que des civils et que le CICR ne s'occupait que des prisonniers militaires.

Rossel aurait pu à cette époque dénoncer l'horreur concentrationnaire s'il ne s'était pas laissé mener par le bout du nez par les nazis dans sa visite guidée. Le CICR ne fut pas la seule institution à ne pas avoir bougé. Le 8 août 1942, Gerhart Riegner, avocat allemand exilé en Suisse et représentant du Congrès juif mondial dans le pays, avertit le monde de notre malheur.

Il envoya un télégramme au ministère des Affaires étrangères britannique et au Département d'État américain, pour les avertir du plan nazi d'extermination des juifs. Il avait été mis au courant de l'horreur par un industriel allemand, Édouard Schulte, en contact avec des dirigeants nazis.

Son message: «Reçu nouvelle alarmante qu'au quartier général du Führer discussion et examen d'un plan selon lequel après déportation et concentration à l'Est tous les juifs des pays occupés ou contrôlés par l'Allemagne représentant trois et demi à quatre millions de personnes doivent être exterminés d'un seul coup pour régler définitivement la question juive en Europe.

Exécution prévue pour l'automne méthode à l'examen y compris l'acide prussique. Transmettons l'information sous toute réserve son exactitude ne pouvant être confirmée. Informateur considéré comme ayant des liens étroits avec les plus hautes autorités allemandes et comme communiquant nouvelles en général fiables.»

Personne ne bougea.

1942: année sanglante, celle de la «*shechita*», de la boucherie. En douze mois, trois millions de juifs furent tués dans les camps d'Auschwitz, Belzec, Sobibor et Treblinka et dans les ghettos.

PARTIE 4

AUSCHWITZ (1943-1944)

PAPA PLEURAIT

Dans le wagon à bestiaux qui nous emmenait de Theresienstadt vers l'inconnu, papa se tenait accroupi sur le petit seau en fer blanc où nous devions faire nos besoins. Il n'y arrivait pas. Le train bougeait trop. Il manqua même à plusieurs reprises de tomber dans les excréments et la pisse qui débordaient de ces toilettes d'infortune.

C'est à ce moment-là que je vis craquer cet homme si rieur et si solide. Un choc pour l'enfant de 15 ans que j'étais. Il cacha son visage dans ses mains tremblantes, même si personne dans le wagon ne faisait attention à lui. Je pleurai à mon tour. Comment étions-nous tombés si bas ?

Nous étions une centaine de personnes, entassées depuis des heures dans ce minuscule espace de 80 m². Nous ne pouvions ni nous coucher ni nous asseoir ni nous tenir debout, ni nous parler ni pleurer ni crier, ni mourir en paix. À tour de rôle, nous allions respirer un peu d'air frais à la minuscule fenêtre du wagon. Une lucarne trop haute et trop petite pour aérer ce qui était devenu un mouroir.

Nous étions partis deux jours plus tôt, le 15 décembre 1943, de Theresienstadt. L'ordre était tombé vers le 13 décembre. Cette fois-ci, aucune maladie ne pouvait nous sauver. Mes parents le comprirent très rapidement. Après avoir rassemblé nos maigres affaires, nous dîmes au revoir à nos connaissances et nous rejoignîmes les 2 501 autres déportés du transport « Dr ».

Le matin de notre départ, nous nous présentâmes tôt aux Allemands. Il faisait encore nuit et très froid. Tout était blanc autour de nous. Et nous allions plonger dans le noir durant trois jours et deux nuits.

Les SS nous transmirent nos numéros de voyage. Lala reçut le 1581, maman le 1583, papa le 1582 et moi le 1584. Et après ce dernier contrôle, nous montâmes tant bien que mal dans les wagons à bestiaux qui nous attendaient au sud du ghetto. Comme il n'y avait pas assez de place, les nazis durent nous pousser à coup de trique pour pouvoir fermer les lourdes portes en bois. Puis le train se mit en marche. Certains prièrent. D'autres, plus nombreux, pleurèrent. Maman, papa, Lala et moi nous restâmes silencieux. Mais dans les yeux de chacun, je lisais la peur de la mort.

Parfois, le train s'arrêtait dans les gares. Nous entendions la voix des gens sur les quais. Nous pouvions aussi lire les noms des localités que nous traversions en jetant un œil par l'une des quatre petites ouvertures grillagées. Et très rapidement, il devint clair que nous roulions vers la Pologne.

Dans le wagon, chacun trouva sa place : debout et assis à tour de rôle. Il fallait tenir et nous blottir les uns contre les autres pour lutter contre le froid. Nous eûmes soif et faim. Durant tout le trajet, les Allemands ne nous donnèrent aucun ravitaillement. La porte du wagon resta désespérément fermée malgré nos appels à l'aide.

Puis nous sommes arrivés durant la nuit à Birkenau. Le convoi roula très lentement puis il s'arrêta brusquement. « *Aussteigen, los! Los! Lasst eure Tasche fallen! Ihr bekommt sie später wieder* », cria un garde SS après que la lourde porte ait glissé sur le côté. « Sortez ! Allez ! Allez ! Laissez tomber vos affaires. Vous les récupérerez plus tard. » « *Los Raus, Raus* », hurla-t-il, alors que certains déportés dont maman peinaient à se lever. Nos jambes étaient encore engourdies. « Vite, dehors, dehors. »

À tour de rôle, nous sautions sur le ballast du haut du wagon, soit à un bon mètre et demi environ. Quand ce fut mon tour, je regardai derrière moi mon sac que je laissais dans le wagon. J'y avais caché deux ou trois livres d'école que j'avais emportés de Prague et quelques chemises. Bien sûr, je ne les revis jamais.

Nos yeux étaient fatigués après trois jours de voyage dans l'obscurité. Et nous étions aveuglés par la lumière des projecteurs braqués sur nous. « Plus vite cochons de juifs, sales juifs », vitupéra un autre garde SS. Autour de moi, les enfants criaient, les femmes pleuraient. Certaines s'étaient évanouies. Et les hommes, apeurés, tentaient de se renseigner.

Le chaos était indescriptible. Une bousculade sans fin. Nous étions malades, exténués, à bout de forces, mourant de faim et de soif. Même les plus résistants avaient perdu leur énergie, ce qui excluait toute révolte. D'autant que des dizaines de SS se tenaient devant nous, leurs mitraillettes pointées sur nous.

« Où sommes-nous », demanda maman à un prisonnier polonais vêtu d'une sorte de pyjama rayé bleu et blanc et coiffé d'un béret. « À Auschwitz », murmura le détenu en mettant son index sur sa bouche, manière de dire à maman de parler moins fort. « D'ici, on n'en ressort que par la cheminée », ajouta le membre du *Aufräumungskommando an der Rampe* (brigade qui s'occupe de l'ordre sur la rampe), la brigade chargée, entre autres, de nettoyer le quai et de transporter tous les bagages et les objets dans un entrepôt appelé Canada.

Les hommes et les garçons d'un côté, les femmes et les fillettes de l'autre. Nous n'avons eu que quelques secondes pour embrasser papa. Sans un mot. À nos côtés, un couple tenta d'échanger un dernier baiser, mais le SS les frappa violemment pour les séparer. « Chérie, on se revoit à la maison après la guerre », lança alors l'homme à son épouse.

Nous pleurâmes quand la colonne de papa partit. Nous nous mîmes nous aussi en marche, en rangs par cinq. Et c'est ainsi que nous nous enfonçâmes dans la nuit froide. La neige crissait sous nos pieds. Certaines déportées glissèrent sur des plaques de glace. D'autres furent battues parce qu'elles ne marchaient pas assez rapidement.

Je sentis alors une étrange odeur qui ressemblait à de la viande brûlée. Au loin, je vis des jets de lumière. Ils sortaient de deux cheminées hautes qui dominaient une multitude de petites baraques dont je devinais la silhouette dans la nuit. Je ne sus que plus tard qu'il s'agissait des cheminées des crématoires du camp. Jour et nuit, les nazis y brûlaient les corps des juifs gazés dès leur arrivée au camp.

Nous avions eu de la chance.

Le tatouage de l'infamie

« Déshabillez-vous ! », hurla le SS devant la porte fermée du sauna du camp des femmes. C'est là que les SS voulaient nous « désinfecter ».

Autour de nous, tout était redevenu silencieux. Étrangement calme. Nous avons dû retirer nos habits, les déposâmes sur un tas et nous sommes restées nues durant de longues minutes. Le froid mordait notre peau. Je grelottais. Mes dents claquaient. C'était insoutenable. Mais personne ne bougea. Personne ne parla. Personne ne se plaignit. La peur des coups des SS et des kapos qui frappaient pour un rien.

Les portes du sauna s'ouvrirent enfin. On nous fit courir malgré nos membres ankylosés pour former alors deux colonnes. À tour de rôle, nous sommes passées devant des prisonnières polonaises. Elles nous rasèrent les aisselles et le pubis avec des lames de rasoir émoussées. Je saignai.

D'autres déportées nous aspergèrent le corps d'une poudre blanche puante, une sorte de DDT. Ils espéraient ainsi éliminer nos puces et nos poux, vecteurs du typhus. Nous avions le privilège de conserver nos cheveux, mais les nazis ne voulaient prendre aucun risque.

On nous soumit ensuite à une visite médicale sommaire puis à un contrôle gynécologique humiliant. Les Allemands cherchaient les bijoux que des déportées auraient pu cacher dans leur vagin. Ce qui fut le cas semble-t-il.

Notre calvaire n'était pas terminé. Direction les douches. De minces filets d'eau glaciale tombaient du plafond. Nous n'avions pas de linge, encore moins de savon. C'est là, dans cette ambiance de fin du monde, que je croisai mon cousin Romek. Il était l'unique survivant de la famille de mon père. Je ne l'avais jamais croisé auparavant.

Il nous retrouva, Lala, maman et moi, parce qu'il cherchait des Pinczowsky dans chaque convoi en provenance de Theresienstadt.

Lui qui travaillait comme garçon à tout faire pour un des officiers SS responsables du sauna, eut le temps de nous dire que toute notre famille polonaise avait été massacrée par les nazis contre le mur de la synagogue du shtetl. Il avait survécu en se réfugiant dans la forêt. Mais il avait été arrêté quelques jours après le massacre. Avant de s'éloigner, il me promit de m'aider, mais qu'il fallait être très prudente. «C'est la mort ici», ajouta-t-il, jamais gêné par ma nudité ni par celle des autres femmes. Remarquez, je ne l'étais pas non plus.

On nous remit ensuite des vêtements désinfectés, qui avaient été portés par des détenus assassinés. À notre grande surprise, il ne s'agissait que de robes d'été ou de tailleurs alors qu'il faisait moins 20 °C. Pire: nous n'avons reçu ni bas, ni culottes, ni manteau. Et ces habits étaient soit trop petits soit trop grands. Nous avions l'air ridicule. Nous étions de bien tristes clowns.

Avant de quitter le sauna, les Polonaises nous jetèrent nos chaussures, les terribles «Holzpantinen». Ces sabots en bois nous faisaient souffrir le martyre dans la boue ou la neige. Immanquablement, des talons s'y formaient et les transformaient en deux grosses boules difformes accrochées à nos pieds.

Nous devions alors exagérément lever les pieds et nous risquions à chaque pas de tomber et de nous casser la cheville. Ils blessaient également nos pieds nus, couverts de plaies multiples. Elles se refermaient la nuit et se rouvraient le lendemain. Un calvaire.

Et dernière étape de notre transformation : l'immatriculation. Un numéro fut tatoué à l'encre bleue sur notre avant-bras gauche. Maman reçut le 71501, Lala le 71502 et moi, le 71503.

Si Theresienstadt était la porte de l'enfer, Birkenau était... l'enfer. Nous le comprenions enfin.

LE CAMP DES FAMILLES

À Birkenau, une petite dizaine de camps indépendants séparaient les individus les uns des autres. On n'en sortait que pour aller travailler. Il y avait par exemple le camp des femmes BIa, des hommes BIb, de la quarantaine des hommes BIIa, des juives hongroises BIIc, des familles tziganes BIIe et le nôtre, le BIIb. C'est là que les familles juives provenant du ghetto de Theresienstadt furent parquées entre septembre 1943 et juillet 1944.

Notre transport de décembre avait été le second à arriver à Birkenau. Et c'est avec soulagement que nous retrouvâmes, le lendemain de notre arrivée, les survivants du premier convoi parti en septembre du ghetto de Bohême-Moravie. Celui que nous aurions dû prendre, si je n'étais pas tombée « malade » à Theresienstadt.

Ils nous expliquèrent que la fumée grise qui enveloppait le camp au point de voiler le soleil était celle des cendres des morts qu'on brûlait. Les morts ? Des juifs hongrois, allemands, slovaques qui débarquaient quotidiennement et que les Allemands gazaient dès leur arrivée. « Ici, c'est l'usine de la mort, nous prévinrent-ils. »

« Des fous », s'emportèrent certains d'entre nous. « Vous nous mentez ! » D'autres se mirent à pleurer. L'entrée en matière était rude. Maman me regarda alors et me dit de prier. « Dieu nous sortira de là », me répéta-t-elle. Je dois avouer que, du haut de mes 15 ans, je ne croyais plus en lui.

Le camp était surpeuplé. Environ 10 000 prisonniers se côtoyaient dans un espace grand comme une dizaine de terrains de football. Il était entouré d'une muraille de barbelés électrifiés. Il y avait aussi des miradors d'où les SS nous observaient. Deux rangées d'une quinzaine de baraquements en bois, destinés à l'origine aux chevaux de la Wehrmacht, se faisaient face de chaque côté.

La « *Lagerstrasse* » divisait en deux notre camp. Cette rue du camp n'était qu'un immense cloaque, où l'on s'enfonçait pratiquement en toute saison dans une gadoue mêlée d'excréments. C'était la frontière entre la partie des hommes et celle des femmes. Nous ne devions en aucun cas la franchir sous peine d'être sévèrement battus par les kapos ou les SS. Les hommes occupaient ainsi les baraques aux numéros pairs. Les femmes, les impairs.

À l'entrée du BIIb : les cuisines des SS où papa fut embauché, un office d'enregistrement, un magasin d'habits, où j'ai travaillé. Au fond du camp, du côté de la « *Haupstrasse* » (rue principale) qui menait aux chambres à gaz : un hôpital de fortune, l'école des enfants et les sinistres latrines.

Il s'agissait d'une centaine de trous creusés les uns à côté des autres dans trois longs socles en béton d'un mètre de largeur et de cinquante centimètres de hauteur qui couraient le long du block. Lorsque nous faisions nos besoins, nous étions serrées comme des sardines. Aucune intimité donc. Et un simple bout de jute qui pendait lamentablement aux poutres de la baraque nous séparait des hommes, assis à quelques centimètres de nous.

Nous n'avions pas de papier pour nous essuyer, sans eau pour évacuer les immondices ou pour nous laver les mains et toujours dans l'urgence. La nourriture trop liquide et de mauvaise qualité ne tenait pas dans nos estomacs affaiblis. Nos diarrhées étaient quotidiennes.

L'odeur, un mélange de puanteur d'excréments et de chaux vive que le commando de nettoyage jetait dans la fosse d'aisance, y était intenable. Les trous étaient salis et grouillaient d'asticots. Les SS n'y entraient pas et les latrines étaient le bon endroit pour les trafics ou pour les discussions.

Seul un rideau en jute séparait les toilettes des femmes de celles des hommes. Les couples s'y voyaient tandis que les familles s'y rendaient visite en cachette une heure avant l'appel du soir. C'est là que je retrouvais régulièrement papa. Il était habillé lui aussi comme un clown triste avec un manteau trop court et trop étroit. Il était très déprimé, très triste. Nous ne parlions pas beaucoup. Il fallait économiser nos forces. Le fait de se voir était suffisant.

Chaque matin, nous devions nous laver dans ces baraques, même si l'eau y était rare. En fait, nous avions pris l'habitude de prendre de la neige l'hiver pour nous débarbouiller le visage. Étant donné les conditions d'hygiène, nous ne tardâmes pas à nous couvrir de boutons purulents et de furoncles puants.

Nous étions des esclaves

Nous étions les esclaves. Les gardes SS et le chef du camp, le *Rapportführer* Fritz Wilhelm Buntrock, un meurtrier brutal et sournois que nous appelions bouledogue, étaient les seigneurs des lieux. Et entre eux et nous gravitait une petite clique de prisonniers, souvent des droits communs polonais ou allemands, chrétiens pour la plupart, mais aussi juifs. Ces « *Stubendienst* », « *Blockälteste* » et kapos pouvaient nous maltraiter et nous exploiter à leur guise. Régulièrement, ils nous frappaient avec leur canne pour nous faire marcher la tête en bas.

Chaque matin, nous nous levions vers 5 heures. Nous avions alors trente minutes pour nous habiller et nous laver avant de boire un café, en fait de l'eau sale. À chaque fois, c'étaient les mêmes cris, les mêmes bousculades et les mêmes coups.

Puis nous assistions à l'appel, le moment où les nazis nous comptaient. Ils avaient toujours peur des évasions. Cela pouvait durer des heures selon le bon vouloir de nos maîtres. Et nous devions rester debout et garder le regard fixe avec l'interdiction de bouger. Sinon, un orage de coups s'abattait sur nous. Certains se déféquaient dessus. D'autres tombaient inanimés, de fatigue ou de maladie. Mais la punition était la même : 25 coups de canne. J'entends encore les cris des suppliciés. Soixante ans après…

À Birkenau, le temps était rythmé par les deux appels du matin et du soir et par l'attente de la ration quotidienne.

Nous recevions à midi et le soir un morceau de pain plein de sciure et un bol de soupe très liquide. Quelques navets et des pommes de terre pourris y flottaient.

Cette eau trouble était transportée de bloc en bloc dans une sorte de tonneau. Il était fixé sur une « *Rollwagen* », elle-même poussée par quatre détenus de droit commun. Malgré la surveillance des SS, ces Polonais nous informaient de ce qui se passait ailleurs dans Birkenau. C'est par eux que nous apprenions les victoires des armées soviétiques plus à l'est. Nous percevions parfois aussi le bruit des moteurs des bombardiers alliés dans le ciel.

Un de ces prisonniers me transmit des nouvelles de mon cousin. Ce dernier tint parole. Il me fit apporter régulièrement une seconde ration de soupe. Ce fut un cadeau inespéré qui me permit de tenir. Jamais je ne devins un de ces squelettes aux yeux énormes sortant des orbites, dont les os n'étaient recouverts que de leur peau. Je ne fus pas un de ces robots dont le ressort ne semblait pas bien remonté. Un de ces « musulmans » comme on les appelait dans les camps, ces êtres qui faisaient peur à voir et qui n'étaient que des morts vivants, bientôt promis à la chambre à gaz.

De temps en temps, nous recevions deux cuillerées de fromage au lait écrémé. Il y avait une fois par semaine de la marmelade et un bout de saucisse en partie végétale qui n'avait rien de kasher. Selon les historiens, notre ration quotidienne ne dépassait pas 450 calories. Il en aurait fallu six fois plus pour nous nourrir correctement.

Bref : nous eûmes faim. Les crampes mangèrent du matin au soir mon ventre. Obsédée par la nourriture, je grattais ma gamelle avec ma cuillère pour récupérer jusqu'à la dernière goutte de soupe.

Un soir, on me vola mon petit morceau de pain après que je l'eus posé sur ma paillasse. Grave erreur. À Birkenau, il fallait manger le plus rapidement possible ce qu'on nous donnait, à moins de pouvoir l'échanger contre un bout de cigarette.

Bien sûr, je ne sus pas qui me l'avait dérobé. Et franchement, je n'avais pas la force de mener une enquête ni de me plaindre. J'ai vu la mort devant moi. Sans nourriture, je n'avais plus d'énergie, et, sans énergie, j'étais une proie facile pour les SS ou leurs kapos.

Je devais attendre le lendemain à midi pour remplir mon estomac qui criait famine. Ce fut probablement une des nuits les plus longues de ma vie. Ceux qui n'ont jamais eu faim ne peuvent pas comprendre cette peur de la mort. Comme ils ne peuvent pas imaginer ce dont on est capable pour tenir. Un jour, je vis une vieille femme récupérer un morceau de pain qu'elle avait laissé tomber dans les latrines puantes.

Nos baraquements étaient répugnants. D'une quarantaine de mètres de longueur pour 10 mètres de largeur et 2,65 de hauteur, ils étaient divisés en deux par une cheminée, alimentée à chaque extrémité par un petit foyer. Ce dernier ne réchauffait que lui-même tant le froid était mordant dans cet espace livré aux quatre vents. Entre 200 et 250 personnes y dormaient. Régulièrement, le matin venu, nous sortions des déportées mortes de froid, de maladie ou de faim sur la place de l'appel, devant la porte du block.

En guise de lits, nous disposions de châlits de trois niveaux en bois. Branlants, ils étaient accolés aux murs, un peu comme des étagères de bibliothèque. Prévus à l'origine pour une personne, ces lits recouverts d'un sac de jute rempli de paille pourrie et décomposée nichaient trois occupantes. Je dormais avec Anita et Vera, deux amies que j'avais connues à Theresienstadt. Nous disposions d'une place au troisième étage. Une place en or : de nombreuses détenues pissaient durant la nuit, ou pire déféquaient, prises de dysenterie à cause de la soupe trop liquide.

Avec Vera et Anita, nous avons appris que nous devions nous tourner les trois en même temps dans cet espace si petit. Nous saisîmes aussi que, l'hiver, nous devions nous coller les unes aux autres pour nous réchauffer sous notre unique couverture en laine recouverte de poux.

À Birkenau, nous passions nos journées à écraser ces petites bêtes entre nos ongles. « Un pou, c'est la mort », nous répétaient les SS, qui avaient peur des épidémies. Mais ce qui devait arriver arriva. À la fin mai 1944, il y eut une épidémie de typhus dans le camp. Il y eut des morts.

Beaucoup de déportés n'ont pas supporté ces conditions de survie. Et il y eut de nombreux suicides dans notre camp. Ce n'était pas compliqué, il suffisait de courir vers la barrière électrique et de s'y laisser électrocuter. D'autres prisonniers s'en approchaient volontairement et étaient mitraillés par les gardes SS postés dans leurs miradors. D'autres encore se pendaient ou se coupaient les veines.

Si j'ai tenu, c'est grâce à ma sœur et ma mère. Seule, j'aurais craqué. C'était trop dur. Trop inhumain.

Un sort différent

Notre sort fut légèrement différent de celui des autres internés juifs du camp de Silésie. Nous ne fûmes pas sélectionnés à notre arrivée alors que les médecins SS classaient les survivants d'un convoi en deux groupes. D'un signe de la main... À gauche, les hommes en bonne santé et les femmes sans enfant. À droite, les deux tiers du convoi. Enfants, vieillards, malades, handicapés et femmes traversaient alors Birkenau à pied ou en camion. Ils étaient exterminés dans les cinq chambres à gaz du camp.

Notre convoi a eu droit à d'autres «privilèges». On nous laissa nos cheveux. Et nous portions des habits civils. Dans notre camp, il y avait également une école où les enfants purent suivre une scolarité, dessiner, lire ou monter des pièces de théâtre auxquelles assistèrent les nazis. Régulièrement, les SS nous incitaient à écrire à nos proches restés à Theresienstadt pour leur dire que nous allions bien. Je ne le fis jamais.

Nous étions un peu mieux nourries et mieux traitées que le commun des déportés de Birkenau. Pourtant un quart d'entre nous devaient mourir durant les six premiers mois. Mais pour Auschwitz, c'était déjà exceptionnel. Dans les autres groupes, les taux de mortalité dépassaient 80 % !

La raison de tant d'égards ? Les Allemands voulurent nous garder dans un état plus ou moins présentable afin de préparer une possible visite de la Croix-Rouge. Comme l'écrit Rudolf Vrba dans *Je me suis évadé d'Auschwitz*, «la fiction des territoires de repeuplement devait être étayée par des faits indiscutables. Aucun doute, aucune crainte ne devaient filtrer car un seul rapport défavorable à Genève pouvait anéantir tout le plan.»

Mais notre temps était compté. Nous étions des SB, des *Sonderbehandlung*, ou traitement spécial, avec six mois de quarantaine. Nous l'avons compris quand les survivants du convoi qui avait quitté Theresienstadt en septembre furent gazés durant la nuit du 8 au 9 mars 1944. Tous sans exception. Intellectuels, écrivains, musiciens, 3 800 personnes disparurent.

Les nazis les embarquèrent un soir dans des camions en leur promettant de les emmener dans le camp de travail de Heidebreck. En fait, ils ne firent que quelques tours des barbelés de Birkenau avant d'être conduits vers les chambres à gaz.

«Cette nuit-là, je me trouvais au crématoire», raconte Filip Müller à Claude Lanzmann dans le film *Shoah*. Enrôlé de force dans les *Sonderkommando*, ce déporté tchécoslovaque a assisté à la fin de mes camarades. «À peine les gens étaient-ils descendus des camions qu'ils furent aveuglés par des projecteurs et durent, par un corridor, gagner l'escalier qui débouchait dans le vestiaire. Aveuglés, à la course. Ils étaient roués de coups. Qui ne courait pas assez vite était battu à mort par les SS. C'est une violence inouïe qui fut déployée contre eux. À leur entrée dans le vestiaire, je me tenais près de la porte du fond, et posté là, j'ai été le témoin de l'effroyable scène. Ils étaient en sang. Ils savaient désormais où ils se trouvaient. Ils étaient désespérés, les enfants s'embrassaient, les mères, les parents, les plus âgés pleuraient. À bout de malheur. La violence culmina quand ils voulurent les forcer à se dévêtir. Quelques-uns obéirent, une poignée seulement. La plupart refusèrent d'exécuter cet ordre. Et soudain, ce fut comme un chœur. Un chœur…

Ils commencèrent tous à chanter. Le chant emplit le vestiaire entier, l'hymne national tchèque, puis la Hatikva retentirent.»

Hatikvah, L'Espoir, est devenu l'hymne national de l'État d'Israël en 1948. Et ses paroles résonnent encore dans mes oreilles...

Aussi longtemps qu'au fond du cœur
l'âme juive vibre
vers les confins de l'Orient
un œil sur Sion observe

Nous n'avons pas encore perdu notre espoir
vieux de deux mille ans
de vivre en peuple libre sur notre terre
terre de Sion et de Jérusalem
Vivre en peuple libre sur notre terre
terre de Sion et de Jérusalem.

Le « *Kommando* » des habits

À Birkenau aussi, les déportés devaient travailler. Certains creusaient des canaux. D'autres les nettoyaient. Un travail incessant puisqu'ils étaient continuellement bouchés, D'autres épluchaient les pommes de terre. Une aubaine. Ils pouvaient compléter leur ration quotidienne des pelures de patates. D'autres « *Kommandos* » fabriquaient des cordages pour les bateaux de guerre allemands. Certains cousaient des rubans pour les mitrailleuses.

Les plus malchanceux étaient réquisitionnés dans le commando chargé de construire une route. Hommes et femmes transportaient des pierres toute la journée. Ils les déplaçaient ainsi sur trois kilomètres. Autant dire que leur organisme mal nourri avait bien du mal à résister à ce labeur. Beaucoup s'effondraient en chemin. Morts.

Moi, je travaillais dans la baraque de tri des habits. À l'entrée, deux compartiments blanchis à la chaux : le premier était occupé par un kapo, un déporté politique allemand, et l'autre par une couturière, qui raccommodait les lambeaux d'habits des prisonniers sur son ancienne machine à coudre.

Nous croulions sous des montagnes de jupes, de robes, de layettes de bébé, de pantalons, de vestons, de chaussures, de chapeaux, posées sur les châlits. Des centaines de valises et de sacs occupaient aussi cet espace.

À cette époque, Birkenau tournait à plein régime. Et chaque semaine, des milliers de juifs en provenance de toute l'Europe étaient gazés. Le camp Canada d'Auschwitz, où étaient rassemblées les affaires volées aux déportés assassinés, était plein. Nous devions le soulager, trier nous aussi les habits et en faire des ballots qui étaient envoyés en Allemagne. Notre autre mission : contrôler que les manteaux, les jupes, les chemisiers ou les pantalons ne cachent plus bijoux, billets de banque ou pierres précieuses cousus dans les ourlets.

C'était un travail privilégié. J'étais à l'abri sous un toit. L'endroit était mieux chauffé que nos blocks. Le travail n'était pas trop pénible. Et de temps en temps, je pus voler quelques vêtements. Je les enfilais discrètement lorsque nos gardes ne nous regardaient pas. Je pouvais ensuite les échanger contre du pain ou de la soupe. Mais c'était risqué. Si les SS m'avaient prise, leur punition aurait été instantanée et violente : 25 coups de trique sur le dos pour sabotage.

J'ai encore dans mes oreilles les cris des suppliciés qui devaient compter les coups en allemand sans se tromper. Sinon, le SS ou le kapo recommençait.

Buntrock inventa une autre punition pour moi. Alors que les déportés de septembre quittaient notre camp pour la chambre à gaz, je me glissai dans la baraque de cuisine avec Ruth Nassau, une amie. Ce qui était interdit et surtout très stupide : les SS nous surveillaient de près. Mais nous voulions voir où partaient nos camarades depuis la fenêtre du block.

Deux prisonniers polonais qui travaillaient là nous disent de monter sur la table. À ce moment-là, j'entendis des bruits de bottes et des cris. Ceux de Buntrock. Nous sommes descendues de la table et nous avons tenté de nous cacher dans une armoire. Trop tard. Ma dernière heure était arrivée.

Le SS, qui vociférait des insultes, m'attrapa alors par le collet et me sortit du baraquement. Dehors, un coiffeur nous attendait Ruth et moi. Il nous rasa la tête. Quelle humiliation pour une fille! Quelle horreur d'être chauve! J'en pleurai. Mais au moins, je n'avais pas été battue ni envoyée à la chambre à gaz. «Ne t'inquiète pas», me rassura mon père quelques jours plus tard. «Tes cheveux repousseront.»

J'eus également la malchance de goûter au commando de la route. J'y fus contrainte quand une lettre écrite par mon cousin, et qui m'était adressée, fut interceptée. Je dus non seulement transporter les pierres de l'entrée du camp vers le chantier. Parfois d'un tas à un autre... avant de les reporter là où je les avais ramassées.

Les SS et les kapos les appelaient des «exercices de gymnastique». Et gare à moi si je ne courais pas assez vite. Les coups de trique pleuvaient sur mon dos recourbé.

Quant à mon cousin, il fut lui aussi puni et dut rejoindre un commando extérieur. Je perdis sa trace jusqu'à la fin de la guerre. Grâce à la Croix-Rouge, j'appris alors qu'il avait survécu lui aussi à la Shoah. Il s'établit ensuite aux USA, où il est mort d'une crise cardiaque il y a une vingtaine d'années. La raison? Un jour, il découvrit une croix gammée dessinée sur la porte du garage de sa maison en Alaska. Il ne le supporta pas. Son cœur s'arrêta de battre. On ne sut jamais qui avait tracé la svastika.

Le Dʀ Mengele m'a sélectionnée

Au printemps 1944, un oiseau se posa sur la fenêtre de notre baraquement. C'était rare tant le ciel était gris et chargé de cendres. Nous n'avions jamais vu d'animaux, ni même de brins d'herbe et encore moins de fleurs. Tout aurait probablement été mangé à la minute. «Dieu va nous aider», lâcha ma mère. «C'est un signe. Nous sortirons de cet enfer.»

En juin 1944, la rumeur se répandit comme une traînée de poudre: les SS avaient besoin de main-d'œuvre pour leurs usines en Allemagne. Ils allaient très bientôt sélectionner des femmes et des hommes du camp des familles. Seuls ceux qui étaient en âge de travailler pouvaient se présenter. «C'est notre unique chance de survivre», prétendaient les uns. «Encore un piège. Ils enverront tout le monde à la chambre à gaz», soutenaient les autres.

Selon les prisonniers polonais, le BIIb allait être démantelé. Ceux qui ne partiraient pas comme esclaves dans le Reich seraient liquidés. Il fallait être sélectionné. Trois SS visitèrent le camp en silence. Nous fûmes toisés, évalués comme du bétail avant une vente.

Le lendemain, les *Blockälteste* et les kapos préparèrent des listes de prisonniers. Ils écrivirent des numéros de déportés qui pouvaient faire l'affaire, leur âge et leur profession. Fallait-il s'annoncer? Fallait-il rester dans le camp? Tout ce que je voulais, c'était m'éloigner de Birkenau. Lala, maman et moi nous nous portâmes candidates.

La sélection dura plusieurs jours à partir du 2 juillet. Les SS sélectionnèrent 3 000 travailleurs parmi les 12 000 personnes qui hantaient le camp. Notre tour tomba le jour de l'anniversaire de maman. Le 5 juillet, Joseph Mengele, cravache dans la main gauche, se tenait debout près d'une table installée devant notre baraque. Notre colonne lui faisait face. Nous étions nues, nos habits dans nos mains. Maman nous avait vigoureusement pincé les joues, à Lala et à moi. «Avec des pommettes plus rouges, vous aurez l'air plus en forme», nous avait-elle murmuré.

Puis en silence, nous devions courir les unes après les autres vers lui. Il demandait alors notre âge et notre profession.

«15 ans et ouvrière», osais-je. Le docteur de la mort m'indiqua avec son pouce d'aller à droite. J'étais soulagée. Quoi qu'il arrivât ensuite, j'étais dans le groupe de Lala et maman. «Dieu soit loué», soupira maman quand je les rejoignis. Reste que nous ne savions pas quel serait notre sort alors qu'à côté de nous des filles et des mères se faisaient des adieux déchirants. Les unes étaient allées à droite. Les autres à gauche. Où était la vie? Où était la mort?

On nous ordonna de nous rhabiller et on nous enferma ensuite dans notre baraque. L'autre groupe fut emmené je ne sais où. Nous ne les avons jamais revus. On nous fit attendre quelques heures avant d'être déplacées dans un autre camp, celui des femmes. Il se situait de l'autre côté de la nouvelle rampe où les trains amenaient les milliers de juifs à gazer.

Les conditions de vie dans notre nouveau camp étaient terribles. Des kapos polonaises et des femmes SS nous frappèrent et nous injurièrent. Elles aboyaient plus qu'elles ne criaient. Les rations étaient encore plus faibles qu'au BIIb. Et nous dormions à cinq sur des lits en béton à trois étages. Nous étions 2 000 et nous étions toutes persuadées que notre fin était proche.

Au loin, nous pouvions encore voir le camp des familles. Plus rien ou presque n'y bougeait. Entre le 11 et 12 juillet, plus de 7 000 personnes furent gazées.

Le matin du 14 juillet, les SS nous emmenèrent à la gare d'Auschwitz à une vingtaine de minutes de marche de là. Ils nous avaient distribué de nouveaux habits, des sabots tout neufs, un pain et une saucisse. Nous grimpâmes alors dans des wagons à bestiaux. Encore une fois, les lourdes portes glissèrent avec fracas et nous fûmes plongées dans la pénombre. Personne ne comprenait ce qui se passait tandis que le train se mettait à rouler et à prendre de la vitesse.

Ce ne fut que de longues minutes plus tard, lorsque nous eûmes quitté Auschwitz, que nous échangeâmes des regards de soulagement, pas de joie. Comment aurions-nous pu ? Tant des nôtres étaient morts. Et je ne savais pas ce qu'était devenu papa. Lui aussi avait passé la sélection. Avait-il été gazé ? Était-il lui aussi dans un wagon en partance pour l'Allemagne ?

La dernière fois que je vis papa, nous venions d'être choisis par Mengele. Il s'approcha de moi alors que c'était formellement interdit et me demanda si je me souvenais de l'adresse d'Esther en Palestine. « Nous nous retrouverons chez elle après la guerre », ajouta-t-il avant d'être chassé par des kapos. Je n'eus pas le temps de l'embrasser. Il disparut dans la foule. Lui fut envoyé dans le camp de travail de Blechhammer en Pologne.

PARTIE 5

HAMBOURG (1944-1945)

UN TRAVAIL D'HOMME

Le voyage vers l'inconnu dura trois jours. Dans le train, les conditions furent difficiles, mais moins dures qu'entre Theresienstadt et Birkenau. Nous étions moins nombreuses dans le wagon, environ une soixantaine. Nous avions notre pain, notre saucisse à manger et un seau d'eau que nos gardes remplissaient de temps en temps.

À mesure que le train avançait, nous sentîmes que l'Allemagne était à bout de forces et que la guerre s'en rapprochait. Notre convoi s'arrêtait régulièrement pour laisser passer des transports de chars, de canons et de militaires. Mais nous voyions aussi les ponts endommagés, les villes et les villages détruits.

Nous sommes arrivées à Hambourg le 17 juillet. Et c'est au port franc fluvial, au bord de l'Elbe, que nous sommes descendues des wagons à bestiaux sans cris de gardes SS, ni aboiements de chiens, ni coup. À la place : des soldats allemands qui nous prièrent de sortir. Nous avions changé de planète.

Malgré tout, l'endroit était sinistre, dévasté par les bombardements anglo-américains. Depuis 1943, la deuxième ville du Reich était particulièrement visée par les raids alliés. Hambourg, qui comptait un million et demi d'habitants, subit une tempête de feu. Bombes incendiaires et explosives tombaient jour et nuit. Et leur souffle provoquait une véritable tornade d'une vitesse de 240 km/h et d'une température de 800 degrés. Un Hiroshima allemand. Bilan : 40 000 morts en juillet et août 1943, 120 000 blessés et 350 000 habitations réduites en cendre.

Les raids se poursuivirent jusqu'au 29 avril 1945, date de la dernière attaque. Et à chaque fois, les dégâts étaient colossaux, les Allemands ne pouvant défendre la ville face à l'armada de B-17 ou de Lancaster. Ils n'avaient plus la maîtrise des airs depuis belle lurette et seule la DCA permit d'abattre 440 bombardiers sur les dizaines de milliers qui survolèrent la ville.

C'est là, dans ce lieu de bataille macabre, que les 500 déportées tchèques de Birkenau débarquèrent en compagnie de 500 Hongroises. Nous fûmes rejointes en août par 500 Polonaises du ghetto de Lodz qui avaient transité également par Auschwitz.

Nos missions : participer à la remise en état des usines, des raffineries de pétrole, creuser des lignes de défense, reconstruire des maisons pour les réfugiés, dégager les ruines ou encore travailler dans des usines d'armement. Nous étions devenues des bagnards au service de l'effort de guerre allemand.

Comme maman et Lala, je fus affectée au « *Grabungkommando* », le commando de nettoyage des décombres des bombardements. Un des travaux forcés les plus pénibles. Un labeur d'homme douze heures par jour, sous la pluie, dans le froid, avec une pause à midi afin de manger une soupe légère. Il était évident que c'était trop astreignant pour l'adolescente de 15-16 ans que j'étais.

Mes mains étaient en sang à force de se frotter aux briques rugueuses, aux pierres, aux ferrailles du béton armé, mais aussi des rails des trams. Mais je n'avais pas le choix. Il fallait serrer les dents. Tout était mieux que les chambres à gaz de Birkenau.

Parfois, des murs entiers s'effondraient sur des prisonniers. Quelques fois des bombes non explosées en déchiquetaient d'autres. Régulièrement, nous découvrîmes des victimes dans les décombres des immeubles ou des usines. Terrible vision que celle de ces corps réduits en bouillie.

LES RATS COURENT SUR NOUS

À peine arrivées, les nazis nous installèrent dans un grenier à blé abandonné, l'entrepôt G situé dans la rue Dessauer Ufer. La bâtisse, baignée par les flots de l'Elbe, était imposante : trois étages de briques rouges et huit sections indépendantes les unes des autres.

Le «*Lagerhaus G*» n'avait rien d'une baraque de Birkenau. L'endroit était propre et spacieux. Son plafond, soutenu par d'épaisses poutres en bois, avait cinq mètres de hauteur au moins. Nous dormions à même le sol en bois.

Vingt-cinq gardes, des douaniers à la retraite et des soldats de la Wehrmacht qui ne pouvaient plus combattre prirent le relais des SS de Birkenau. Nos nouveaux gardiens étaient âgés. Et dans leur regard, je sentis de la pitié. Cela faisait si longtemps qu'on ne nous avait pas regardées comme des êtres humains. Cette petite troupe était dirigée par le SS Otto Schulz.

Des bombes tombèrent plusieurs fois à proximité, mais jamais sur l'entrepôt. Reste qu'à chaque alerte c'était le même scénario. Nous courions en pagaille vers la petite trappe d'accès à la cave voûtée pour nous mettre à l'abri. Les Allemands s'abritaient, eux, dans un bunker tout proche.

Durant les attaques, le sol tremblait et résonnait au rythme des explosions tantôt lointaines tantôt très proches. On aurait dit qu'un géant frappait violemment à la porte et, ne pouvant entrer, secouait le sous-sol puant et humide – une humidité glaçante qui piquait notre peau –, de l'entrepôt G, dont les plafonds se lézardaient. Nous en sortions couvertes de poussière.

Assises dans cet endroit sans lumière et froid, qui donnait directement sur les flots de l'Elbe, nous nous blottissions les unes contre les autres. En silence. Nous attendions, le nez en l'air, le prochain impact, le prochain coup, la prochaine vibration, la prochaine détonation. Certaines dormaient, terrassées par la fatigue. D'autres pleuraient. D'autres tremblaient et priaient. D'autres encore tentaient de chasser les gros rats qui se faufilaient entre nous en nous mordillant.

Aussi paradoxal que cela puisse paraître, alors qu'un déluge de feu s'abattait tout autour de nous, j'aurais aimé crier ma joie. Je savais que chaque bombe alliée me rapprochait de ma liberté et que chaque coup porté aux nazis était une juste vengeance pour toutes les souffrances que nous endurions. J'en oubliais presque cette peur qui vidait les tripes de certaines de mes camarades sur le sol irrégulier et rugueux.

Une nouvelle routine des appels du matin et du soir se mit très rapidement en place à Hambourg. Le matin, nous devions attendre de longues minutes pour être comptées et recomptées par nos gardes qui nous emmenaient ensuite sur nos chantiers. À pied le plus souvent. Parfois, nous avions la chance de grimper sur des camions ou sur des bateaux qui circulaient lentement sur les canaux encombrés d'embarcations détruites. Les civils allemands empruntaient aussi les ferries, tout comme les prisonniers italiens. Ils occupaient le premier pont alors que nous nous étions parquées en dessous. Ils étaient tous fous de pouvoir parler à des femmes.

Un jour, Lala, dont les cheveux roux faisaient sensation auprès de ces soldats déchus, reçut du chocolat d'un de ses admirateurs transalpins sous le regard surpris des passagers

« normaux » du ferry. Ces derniers hésitaient entre le dégoût et la pitié en nous dévisageant de haut en bas.

C'est que nous n'étions pas belles à voir. Nos habits étaient élimés, nos peaux tirées, nos cheveux fatigués, nos teints blafards, et nous portions deux traits jaunes, verticaux et tracés à la va-vite, sur le dos de notre habit. Nous ne sentions pas bon non plus. L'hygiène personnelle était une notion inconnue dans un camp de travail forcé. Comme dans un camp d'extermination d'ailleurs.

Et chaque soir, le même rituel : fouille corporelle, de haut en bas, à la recherche de ce que nous aurions pu voler dans les décombres encore fumants d'une ville en cendres. Les nazis n'étaient pas à une humiliation près.

Question nourriture, le régime était le même qu'à Birkenau, ou presque : le matin, de l'eau trouble en guise de café, à midi du pain sale et bourré de sciure et le soir de la soupe très claire. Rien à voir avec le menu de notre arrivée, où nous avons eu la chance de recevoir un bon repas. Au menu : pain à volonté, de la margarine et la moitié d'un hareng. Avions-nous enfin trouvé un brin d'humanité dans cet univers de brutes ? Erreur ! Nos geôliers nous avaient distribué les rations des prisonniers de guerre italiens, qui se trouvaient dans une autre partie de l'entrepôt. Le lendemain, nous avions retrouvé nos 450 calories par jour. Pas moyen de reprendre du poids après plus de six mois de camp d'extermination. Juste assez pour survivre.

LE BÉBÉ DE RUTH

Comme moi, la Tchèque Ruth Elias fut sélectionnée à Auschwitz par le médecin-chef SS Joseph Mengele pour travailler comme une esclave sur les ruines fumantes de Hambourg. Mais cette jeune femme souriante, aux longs cheveux sombres et aux yeux bruns pétillants, avait un secret qu'elle avait bien su cacher : elle attendait un enfant.

Celui qu'elle avait conçu avec son premier mari à Theresienstadt. Elle l'avait rencontré au ghetto après son arrivée en 1942. Lui était membre de la police juive du camp ; il n'a pas survécu à l'extermination. Elle était infirmière avant de rejoindre les cuisines, une place stratégique pour ne jamais manquer de rien.

Et c'est enceinte – malgré plusieurs tentatives d'avortement clandestin – que ma camarade fut déportée à Auschwitz en décembre 1943, dans le même transport que le mien.

Mais sa grossesse fut vite découverte par nos gardes à Hambourg. Bien qu'elle tentât de la cacher en portant des vêtements amples et en se cachant derrière les autres déportées, Ruth se fatiguait très rapidement. Comme elle en était à son huitième mois de grossesse, elle ne pouvait plus travailler normalement.

Les SS décidèrent alors de l'expédier dans le camp de Ravensbrück. Puis avec une autre femme enceinte, elle fut envoyée à Auschwitz. Par chance, elle réussit à remplacer son triangle jaune de déportée juive par un rouge de prisonnière politique tchèque. Ce qui lui évita d'être gazée dès son arrivée.

Finalement c'est à l'hôpital de fortune du camp qu'elle accoucha en septembre 1944 d'une petite fille. Un hôpital où Mengele régnait en maître. Ruth Elias en avait peur. Mais elle le décrivit après la guerre dans son livre (*Die Hoffnung erhielt mich am Leben*, Éditions Piper) comme quelqu'un de poli et de plutôt bel homme. Malgré sa cruauté.

Après la naissance du bébé, Mengele ordonna de ligoter la poitrine de Ruth avec une corde et de laisser mourir de faim son enfant. Le médecin de la mort d'Auschwitz voulait savoir combien de temps le petit être pourrait survivre sans être allaité. Courageuse et obstinée, Ruth réussit néanmoins à lui donner du pain trempé dans de l'eau. Or le nourrisson pleurait continuellement. Il s'affaiblissait. Sa mort n'était plus qu'une question de jours.

Mengele jugea finalement que le jeu avait assez duré et il décida d'envoyer Ruth et sa fille à la chambre à gaz. La femme et l'enfant devaient disparaître le lendemain matin. Ruth était prête à mourir.

Mais une femme médecin, prisonnière comme elle, intervint. Elle déposa aux côtés de mon amie une dose mortelle de morphine. «Tu as le choix. C'est la chambre à gaz avec ta fille ou la vie. Tu auras des enfants plus tard. Tu ne peux plus rien faire pour celui-là. Il est déjà mort.»

Le cœur déchiré, Ruth hésita durant de longues heures. «L'autre déportée avait raison», m'avoua-t-elle bien plus tard. «Mais comment pouvais-je enlever la vie à mon enfant? C'était trop dur. C'était trop fort. Puis, je me suis dit que je devais vivre pour témoigner, pour dire l'horreur nazie.»

En pleurs, Ruth Elias planta la seringue dans le petit corps et elle lui injecta le produit létal. L'enfant mourut rapidement dans les bras de sa mère, effondrée.

Au matin, Mengele vint constater le décès du bébé. Sans un mot. Son visage était vide de sentiments.

Ruth fut ensuite envoyée dans un camp de travail près de Leipzig, où elle fut libérée par les troupes américaines. Après la guerre, elle rentra en Tchécoslovaquie où elle se rendit compte qu'aucun membre de sa famille n'avait survécu à la guerre. N'ayant plus rien à y faire, elle partit en Israël où elle vit avec son mari qui fut mon commandant à l'armée. Elle a eu deux garçons. « Ma chance », me dit-elle souvent quand nous nous parlons au téléphone.

Mais les cris de son premier enfant la hantent toujours. Un jour, elle m'a raconté que, lors de la naissance de son premier fils, en Israël, elle avait paniqué quand les sages-femmes l'avaient emmené à la pouponnière. Elle avait commencé à crier, pensant que les médecins allaient le tuer. Personne ne comprenait son attitude. On l'avait traitée de folle. Un médecin lui avait injecté un calmant. Qui aurait pu comprendre sa souffrance ?

Le souvenir de cette fillette tuée par sa mère m'obsède également. Et depuis, je ne supporte pas d'entendre un bébé pleurer. Quand ça arrive dans mon quartier, je ferme la fenêtre. C'est comme un cri de désespoir pour moi. Comme ces enfants qui criaient sur la rampe d'Auschwitz quand les nazis les arrachaient des mains de leurs mères.

C'est d'ailleurs à Auschwitz que je me suis promis d'avoir des enfants un jour. Je voulais des jumeaux. Et bénédiction, Sam et Luc sont nés après ma fille Ilana.

Mes enfants sont ma victoire sur Hitler et sa solution finale. Le jour où je me suis rendue à Birkenau avec eux, dans les années 1990, je souriais. Je savourais ma revanche sur le projet nazi de nous exterminer jusqu'au dernier.

DU BOUDIN À NOËL 44

Le 13 septembre 1944, nous avons quitté l'entrepôt de Dessauer Ufer. D'autres travailleurs forcés, des prisonniers de guerre italiens, devaient prendre notre place. Les nazis nous firent une nouvelle fois monter dans des wagons à bestiaux, dans la gare toute proche et ils nous emmenèrent au sud-ouest de Hambourg, à Neugraben.

Notre nouveau camp était coincé entre une forêt dense de pins et une rangée de baraques, en contrebas, où s'entassaient des prisonniers de guerre russes.

De l'autre côté de la route, d'un quartier de maisons bourgeoises s'échappaient des rires d'enfants. Comme leurs parents, ils nous voyaient tous les jours quitter notre prison pour nous rendre sur nos chantiers. Il fallait parfois marcher une bonne heure pour y arriver. Certains, grands et petits, se moquaient de nous. «Les sales juives» ou «cochons de juives» fusaient à notre passage. D'autres baissaient les yeux, gênés par nos visages squelettiques, nos guenilles et notre démarche de pantin.

Notre lieu d'internement, occupé précédemment par des prisonniers de guerre, était entouré d'une épaisse barrière de barbelés. Une tour permettait de le surveiller. À l'intérieur de ce périmètre grand comme trois terrains de football, on trouvait cinq baraquements en bois, dont un n'était pas terminé. Nous avions des latrines, une cuisine, une salle d'eau et deux dortoirs.

Ils étaient surpeuplés. Bien entendu. De nombreuses déportées dormaient sur des sacs de jute sous des tables ou sur le sol en bois. Nous ne possédions pas assez de couvertures pour nous protéger du froid. Nous étions équipées d'un petit poêle, bien insuffisant pour sécher nos habits mouillés après une journée de travail ou pour nous réchauffer après avoir passé des heures dans la neige et le vent glacial. D'autant que nous n'avions ni gant, ni bonnet, ni sous-vêtement, ni chaussettes pour protéger nos pieds qui gelaient dans nos satanés sabots en bois.

Beaucoup d'entre nous eurent des problèmes respiratoires, des bronchites, des pneumonies parfois mortelles. Comme d'habitude, nous n'avions pas de médicament et notre infirmerie était surchargée. La dysenterie faisait aussi des ravages dans nos rangs. Par chance, je passai au travers de tout cela.

La vermine partageait notre quotidien. Les toilettes n'avaient rien à envier aux latrines de Birkenau. Nous n'avions pas d'eau courante. Du coup, deux prisonnières la transportaient chaque jour dans un récipient d'une cinquantaine de litres. Et nous ne pouvions nous laver qu'avec un filet d'eau froide avant d'aller au travail, tôt le matin ou tard le soir, vers 21 h, à notre retour des chantiers.

La plupart du temps, nous dormions habillées. La nuit, nous devions sortir des baraques pour faire nos besoins. Mais nos diarrhées ne nous en laissaient pas toujours le temps et nos entrailles se vidaient dans nos frusques, nous obligeant à vivre continuellement au contact de la merde et de son odeur.

Question nourriture, nous avions le même régime qu'à Hambourg : un mauvais café au petit-déjeuner, rien à midi et le soir une soupe claire avec 200 grammes de mauvais pain souvent grignoté par les rats qui pullulaient, deux grammes de margarine et une tranche fine de saucisse végétale. Parfois, nous avions droit à de la viande de chevaux tués durant les raids aériens. Pire, dès janvier 1945, soit quatre mois avant la fin de la guerre, les SS commencèrent à voler une partie de notre nourriture pour la vendre au marché noir. À cette époque, leur ravitaillement commençait à faire défaut alors que les alliés avaient déjà mis pied en Allemagne et que les bombardements des villes et des lignes de chemin de fer étaient incessants.

Le 24 décembre 1944, surprise ! Nous avons reçu un morceau de pain avec une rondelle de boudin. Petite cruauté concoctée par les SS qui ne pouvaient pas ignorer que les juifs ne mangent pas de porc et encore moins du sang de porc. Maman, qui nous donnait beaucoup de courage grâce à son exemple, refusa d'y toucher. « Ce n'est pas kasher », se contenta-t-elle de dire. J'eus moins de scrupules. J'avais faim. J'aurais pu manger des pierres. J'engloutis notre cadeau de Noël d'une traite.

Nos gardes changèrent à cette époque. Les vieux douaniers et les soldats furent remplacés par des nazis purs et durs. Le commandant Schulz laissa également sa place à l'adjudant-chef Friedrich Wilhelm Kliem. Un homme vicieux et violent. Il prenait un malin plaisir à tondre les chevelures des déportées coupables de vols. Il frappait souvent. Il tua deux de mes camarades. Après la guerre, il fut condamné à 15 ans de prison par les Britanniques.

Kliem était assisté par ses chiennes de garde, une demi-douzaine de femmes SS. Souvent engagées après avoir répondu à des annonces dans la presse, ces « aides » devaient remplacer les gardes SS partis au front pour se battre contre les Soviétiques. Ces bonnes Allemandes étaient pour la plupart très agressives et très autoritaires. Et elles n'hésitaient jamais à nous frapper avec leur gourdin. Elles ne nous faisaient aucun cadeau.

LES RECETTES DE L'ESPOIR

Dans les décombres encore fumants des immeubles de Hambourg, nous devions récupérer les briques rouges qui pouvaient encore servir la grande Allemagne. Nous les rassemblions ensuite en tas sur la voie publique. À nos côtés, la population civile vaquait à ses occupations et ne prêtait guère attention aux petites esclaves juives. Sur un autre chantier, nous dûmes transporter des rails de train ou de tram. Parfois, nous dégagions la neige des rues de Neugraben bien sûr, mais aussi de Harburg et de Buxthude, deux villes de la banlieue du grand port allemand.

Ailleurs encore, nous participions à la construction de nouveaux logements pour les survivants des bombardements. D'autres commandos durent fabriquer des armes, des ouvrages anti-char. D'autres encore coupaient des arbres. En tout, 24 groupes de prisonnières travaillèrent à Hambourg jusqu'à la fin de la guerre.

Dès notre arrivée à Neugraben, nos gardes nous maltraitèrent régulièrement. Maman reçut un jour un coup de crosse de pistolet sur la tête. Sa faute : fouiller une poubelle pour y dénicher des épluchures de pomme par terre.

Nous n'avions pas le droit de nous servir dans les décombres sous peine d'être punies sévèrement. Mais le jeu en valait la chandelle. Les caves des maisons bombardées étaient souvent remplies de nourriture. De toute manière, c'était pour nous le seul moyen d'améliorer notre pauvre quotidien.

Certains habitants du coin jetaient du pain sur notre passage. Nous devions le ramasser discrètement pour éviter de nous faire battre par les SS. D'autres civils déposaient des restes de repas près d'un vide-ordures. Ils savaient que nous y passions le matin. Quelques déportées furent même invitées dans des cuisines pour manger une soupe au chaud, du pain. D'autres reçurent des chaussures ou des habits.

Mais l'exercice était périlleux. Les civils allemands pouvaient finir en prison et nous nous risquions des coups de bâtons. Pas assez pour nous tuer – nous étions devenues une main-d'œuvre utile pour les SS –, mais assez pour casser notre moral et pour faire régner la terreur.

Une de mes camarades, une Allemande de Hambourg nommée Erna Fuchs, reçut 96 coups devant tout le camp. Simplement parce qu'elle avait caché un paquet envoyé par un de ses parents. Il contenait du pain et du sucre.

Bref, l'immense majorité des Allemands connaissaient l'existence des camps de concentration. Ils avaient aussi entendu parler des massacres des juifs à l'Est par des soldats de retour du front la plupart du temps. Et s'ils approuvaient la ségrégation raciale, ils refusaient la violence visible. L'opinion publique avait par exemple réprouvé la Nuit de Cristal. Mais cela n'empêchait pas l'un ou l'autre passant de se moquer de nous, de nos habits déchirés et de notre dégaine fatiguée.

Nos estomacs criaient famine. Et pour oublier la faim, nous aimions parler parfois cuisine. Alors que nous transportions des briques par milliers, nous nous récitions les recettes du gâteau aux pommes, des carpes farcies ou encore de biscuits salés.

L'une d'entre nous expliquait qu'elle utilisait plus de fruits pour son strudel. Une autre se souvenait qu'elle le faisait cuire à feu doux. Une autre encore racontait qu'elle le dorait avec du beurre.

Celle-là nous rappelait comment confectionner des baisers de bouton de rose avec des œufs, du sucre, des noisettes, de la confiture de rose et de l'amidon. Après avoir mélangé le tout, elle formait des bouches avec une petite cuillère et les déposait délicatement sur du pain azyme. Une autre se souvenait de la recette du «*mazeloksch*», un gâteau aux amandes et à la cannelle, de celle du «gâteau de bonne santé à la *Pächter*», des «boulettes à la cerise ou aux quetsches» ou encore des «caramels de Baden».

Le froid était intense. Rien d'étonnant en fait: l'hiver 1944-1945 fut l'un des plus rudes de l'histoire de Hambourg. Il nous arrivait de ramasser en cachette des morceaux de bois et de charbon dans les décombres pour faire un feu. Parfois, les gardes avaient pitié et allumaient un petit feu dans un seau. Nous arrêtions alors quelques minutes de travailler pour nous réchauffer autour de ce brasero improvisé.

Nous grelottions. Nos maigres habits ne nous protégeaient en rien et nos doigts, gelés et ensanglantés, étaient devenus insensibles à la douleur. Je ne sentais plus les miens et il m'arrivait très régulièrement de laisser filer des pierres sans m'en rendre compte.

Ces conditions climatiques sibériennes glaçaient aussi nos surveillants. Bien cachés dans des endroits chauffés, ils nous laissaient tranquilles. De temps en temps, ils revenaient sur le chantier. «*Schneller*», «*schneller*» (plus vite, plus vite), criaient-ils alors en nous frappant avec leur bâton. Ils nous jetaient des pierres quand nous ne mettions pas assez d'ardeur à la tâche. Ou ils tiraient en l'air ou dans notre direction quand nous parlions avec des civils.

Puis un jour de décembre 1944, nous avons frôlé la catastrophe. Un marchand de légumes crut que nous voulions piller une maison tandis que nous nous étions rassemblées derrière un pan de mur qui tenait encore debout par miracle.

De rage, cet Allemand s'empara du récipient où se trouvait le feu et en jeta le contenu dans notre direction. Lala fut parmi les plus sévèrement touchées, même si par chance plusieurs de nos camarades évitèrent le pire. Elles éteignirent les flammes en les étouffant sous leur manteau et en aspergeant ma sœur de neige.

Une partie de son visage et de ses cheveux fut brûlée. Ses jours n'étaient pas en danger, mais Lala dut rester au calme quelque temps dans le « revier » du camp, une sorte de dispensaire où il n'y avait ni médicament ni nourriture en suffisance, ni hygiène ni soins appropriés. Y rester était une condamnation à mort généralement. Par chance, Lala tint le choc et put se remettre rapidement. Un miracle.

UNE SS QUI NOUS VEUT DU BIEN

De larges sillons courent à travers les deux petites photographies noir et blanc de mon album de famille. Jaunies par le temps, froissées, déchirées par endroits, ces deux images ont été pliées en deux, voire en trois. À la hâte. Sur l'une d'elles, Rondla et Judith, et sur l'autre moi. Mon visage, enfantin et rondelet sur les photos prises à Karlsbad et à Prague, s'est allongé. Il est plus maigre. Plus adulte. Plus triste aussi. Mais grâce aux œdèmes, on a l'impression que je suis en bonne santé. Ce qui est faux. J'avais tellement faim durant cet hiver 1944-1945.

Portant un manteau sombre, comme ma mère et ma sœur, avec une manche noire à droite et deux bandes jaunes dans le dos, la marque des prisonniers, je me tiens debout au milieu d'un terrain vague recouvert de neige. Au fond, à une centaine de mètres à vue de nez, il y a des tombes et des arbres. Je souris, les poings fermés, les dents serrées. Sur l'autre image, Judith sourit également. Comme insouciante. Elle tient le bras de maman – «notre douce *mamélé*». Maman fixe l'objectif avec un regard noir. J'y lis la peur, le froid, la mort.

Le cadrage est maladroit. Comme si la photo avait été prise rapidement. Discrètement.

Une jeune garde SS, Eva-Maria Borovska, une vingtaine d'années, prit ces deux clichés. «Tiens, c'est un souvenir d'Allemagne», me dit-elle à voix basse le jour où elle me les donna. «Mais cachez-les. Tu comprends, je ne veux

Ruth photographiée à Hambourg par la SS Eva-Maria Borovoska, hiver 1944-1945.

Lala et Rondla photographiées à Hambourg par la SS Eva-Maria Borovoska, hiver 1944-1945.

pas avoir de problème », ajouta-t-elle. Je les glissai dans la manche droite de mon manteau. J'avais à peine 16 ans et j'en paraissais cinq de plus.

Eva-Maria était un peu notre ange gardien au camp. Et s'il lui arrivait de nous donner des gifles, c'était pour nous éviter les coups de trique du commandant Kliem, se justifiait-elle. C'est aussi cette SS qui me fit nommer *Vorarbeiter* durant quelques semaines. J'étais censée diriger une équipe et je portais une canne noire et un brassard où était écrit mon statut de chef. Je jouais le jeu et je donnais des ordres aux autres déportées qui travaillaient à déblayer les gravats. Je les criais en tchèque. Cela me permettait d'envoyer au diable les Allemands et de me reposer. Je ne devais plus m'éreinter à ramasser des briques.

À plusieurs reprises, Eva-Maria vint en aide à des prisonnières. Elle donna du charbon médical et des flocons d'avoine à Ruth Bondy, une de mes camarades qui a fait carrière en Israël dans le journalisme après la guerre. Cette dernière avait une dysenterie. La SS lui permit également de travailler près du chauffage de notre baraque de Neugraben.

Elle sauva aussi la vie de maman dont une plaie sous le bras s'était gravement infectée. Il s'agissait très probablement d'un furoncle en train d'exploser sous la pression du pus. Maman avait beaucoup de fièvre et la doctoresse Golda, une déportée comme nous, lui proposa d'inciser l'abcès purulent avec un couteau de cuisine. C'était l'opération de la dernière chance.

Ma mère fut installée sur une table et endormie avec un peu d'éther et un peu d'alcool pour désinfecter la plaie puante. Maman divaguait et souffrait le martyre. Nous lui tînmes les bras et les jambes et la chirurgienne fit son œuvre. Lala et moi étions bouleversées. Nous pensions la perdre.

Ce qui serait sûrement arrivé si Eva ne lui avait pas apporté de la nourriture de la cuisine des SS après l'opération.

Je me suis souvent demandé pourquoi cette petite SS aux joues rondes et aux cheveux roux nous avait aidées. Peut-être qu'elle avait senti le vent de la guerre tourner et qu'elle savait qu'elle aurait besoin de nos témoignages pour ne pas être condamnée à la prison. Peut-être qu'elle ne supportait pas le régime nazi et que c'était sa manière à elle de résister. Ou qu'elle avait eu tout simplement pitié de nous.

Un jour, elle me dit aussi qu'elle était polonaise comme ma famille et qu'elle jouait la carte de la solidarité nationale. Elle ajouta qu'elle s'était engagée en septembre 1944 dans la SS pour ne pas être envoyée sur le front de l'Est comme infirmière. La paie était bonne. Elle qui avait été vendeuse de chaussures pouvait rester à Hambourg où se trouvait sa famille.

En revanche, Eva-Maria n'a jamais été la femme assoiffée de sang que certaines prisonnières ont décrite après la guerre ni une lesbienne en chasse de proies faciles. Elle ne m'a jamais obligée à quoi que se soit en contrepartie de son aide.

LES BOMBES ALLIÉES NOUS TUENT

Au début du mois de février 1945, nous quittâmes le petit camp de Neugraben. Direction le port de Hambourg, près de la centrale électrique de Tiefstack. Les patrons d'une usine de ciment, la Diagowerke, Müller & Co, avaient besoin de main-d'œuvre. De la main-d'œuvre que les SS leur louaient à prix d'or d'ailleurs.

Une partie de mes camarades y fabriquait des plaques de béton et des briques, transportant à bout de bras des tonnes de sable et de pierre. De mon côté, je continuai à nettoyer les rues du centre de Hambourg. La ville était plus que jamais à feu et à sang. Les bombardements alliés étaient encore plus violents depuis quelques semaines. Depuis que les armées américaines et anglaises étaient toutes proches.

La fin de la guerre était proche. Et Lala, maman et moi essayions d'imaginer ce que nous pourrions raconter à papa quand nous le retrouverions. Nous étions loin de nous douter qu'il était en train de mourir à Buchenwald après un périple d'un mois à travers la Pologne et l'Allemagne.

Fuyant l'avancée soviétique, les nazis l'obligèrent lui et plus de 4 000 déportés du camp de Blechhammer, un des nombreux sous-camps d'Auschwitz, à marcher 200 kilomètres dans le froid et la neige. Les SS massacrèrent 800 prisonniers environ au cours de la marche vers le camp de concentration de Gross-Rosen, à 60 kilomètres de la ville polonaise de Wroclaw. Les déportés n'avaient ni nourriture ni eau. Beaucoup mouraient de fatigue ou étaient abattus sur place parce qu'ils ne pouvaient plus avancer. Ils arrivèrent finalement le 2 février à Gross-Rosen avant d'être transférés quelques jours plus tard par train à Buchenwald.

Le camp de Tiefstack dont il ne reste aujourd'hui plus aucune trace se situait dans les murs de l'usine Diagowerke au 11 rue Andreas-Meyer. Il y avait là trois baraques en bois. Elles servaient de dortoir, de site de stockage, d'infirmerie, de cuisine, de réfectoire et de salle d'eau.

À notre arrivée, le camp n'était pas terminé. Il n'y avait ni couvertures, ni lits en nombre suffisant, ni eau courante, ni toilettes en état de fonctionner.

Du coup, nous devions nous laver dans la rivière toute proche et boire son eau polluée. La nourriture était encore pire qu'auparavant. Le café était fait avec l'eau de la rivière, la soupe de navets et de choux qui était censée nous nourrir une fois par jour était encore plus légère.

La fin de la guerre approchait. Mais les rumeurs laissaient entendre que tous les prisonniers des camps seraient éliminés avant la défaite. Fallait-il avoir peur ? De toute manière, nous étions bien trop faibles pour nous révolter ou pour tenter une évasion. Sur les chantiers, nous n'étions plus que des zombies travaillant au rythme de l'escargot. Nous tombions malades comme des mouches et la faucheuse faisait sa moisson macabre. Plus de 150 prisonnières de notre groupe de 500 Tchèques étaient mortes depuis notre arrivée dans la seconde ville d'Allemagne.

À deux reprises, les bombes tombèrent à proximité de notre camp. Puis, l'usine Diagowerke, Müller & Co fut attaquée le 21 mars 1945. Des dizaines de nos camarades mais aussi des gardes furent tués. Par chance, j'étais en ville sur un chantier de déblaiement au moment de l'attaque. Je ne pus constater les dégâts que le soir venu.

Nous n'en voulions même pas aux pilotes de la RAF qui avaient largué leurs bombes. Nous savions qu'ils se battaient pour nous et que le temps pressait. Après le bombardement, nous sommes restées encore quelques jours dans l'usine malgré des conditions de vie déplorables. Nous dormions à la belle étoile dans le froid et sous la pluie.

Puis l'ordre tomba. Nous devions évacuer. Le 7 avril 1945, nous montâmes une nouvelle fois dans des wagons à bestiaux sans savoir où nous allions. Sans ravitaillement. Sans eau non plus. Les Allemands semblaient complètement déboussolés. Sur leurs visages se lisait la peur de la défaite.

Sur les nôtres, l'espoir mêlé à la crainte d'être abattues au coin d'un bois. Les SS restaient des bêtes sanguinaires. Même blessés ou aux abois !

Partie 6

Bergen-Belsen (1945)

« Ruthi, enfuis-toi ! »

Nous étions enfermées depuis trois jours dans le wagon. Il ne cessait de s'arrêter. Parfois en rase campagne, parfois au milieu de villes ou de villages détruits. Les lignes de chemin de fer étaient surchargées de convois de prisonniers et de militaires. Et régulièrement, les avions alliés mitraillaient les trains, tuant sans distinction gardes et déportés. La pagaille, monstrueuse, totale, commençait à gangrener l'Allemagne.

Lors d'une halte, je demandai discrètement à Eva-Maria où nous allions. La SS, aussi paniquée que les autres gardes, n'en savait rien. Elle promit de se renseigner lors de notre prochain arrêt. Ce qu'elle fit à notre arrivée le long de la rampe en béton de la base militaire de Bergen-Hohne en Basse-Saxe.

Eva-Maria descendit du wagon pour rejoindre un groupe de femmes SS en train de parler à voix basse. Quand elle revint vers moi, elle était blanche comme la chemise de son uniforme. « Ruthi, enfuis-toi dès que tu pourras », me murmura-t-elle. « On vous emmène à Bergen-Belsen. C'est un camp d'extermination. Vous allez toutes y mourir. »

Mais pour aller où ? Je ne pouvais abandonner ma sœur et ma mère. Et de toute manière, je n'avais plus la force de m'enfuir. Je n'avais rien mangé depuis plusieurs jours. J'étais à bout de forces. « Je reste avec ma mère et ma sœur », répondis-je finalement à Eva-Maria, qui haussa les épaules de dépit.

Je n'arrivai que péniblement à descendre de notre cage roulante et puante. À l'intérieur, des filles étaient mortes de fatigue. Nous abandonnions là leurs cadavres. Nous ne pouvions plus rien pour elles. Tout comme elles ne pouvaient plus rien pour nous. Il fallait garder nos forces pour notre survie. Au loin, nous entendions le son des canons alliés. Et des avions continuaient à nous survoler.

Puis, nous nous sommes mises en rangs par cinq conformément aux ordres aboyés par nos gardes, encore plus nerveux et plus agressifs que d'habitude. Les coups de trique pleuvaient sur les déportées. Nous baissions toutes la tête.

Finalement, nous sommes parties sur la route pavée qui traversait la forêt dense et sombre. Nous trimbalions lentement notre carcasse décharnée à travers un tunnel de branchages. Au milieu de centaines de cadavres de déportés d'autres convois.

Comme nous, ils avaient été évacués des camps de concentration à mesure que les Alliés s'enfonçaient dans le Reich, avant d'être abattus par les SS parce qu'ils ne pouvaient plus avancer. Épuisés. Certains corps traînaient au milieu du chemin. D'autres, la majorité, avaient été poussés sur le bas-côté.

Dans notre groupe aussi, des femmes furent tuées d'une balle dans la tête. À chaque détonation, je sursautais. Mais je n'osais pas tourner la tête pour voir laquelle d'entre nous était tombée.

D'autres déportées essayèrent de s'enfuir en courant à travers les bois. Certaines réussirent. D'autres furent fauchées par la mitraille.

Notre marche de la mort prit fin devant les portes du camp de concentration après deux heures de tuerie. Le soleil était au zénith. Tout était calme désormais. La grosse barrière métallique du camp s'ouvrit. Eva-Maria vint vers moi. «Prends ce morceau de savon et ce tube de panflavine pour te désinfecter la gorge. Fais attention à l'hygiène», me dit-elle, comme paniquée. «Et surtout n'oublie pas mon nom.»

Puis elle partit d'un bon pas vers la gare que nous avions quittée deux heures plus tôt.

DES MILLIERS DE CADAVRES

À notre grande surprise, on ne nous fouilla pas à l'entrée de Bergen-Belsen. Comme si nos gardes nazis, si pointilleux sur le règlement et si procéduriers habituellement, voulaient se débarrasser de nous.

Nous avançâmes ensuite entre deux hautes rangées de barbelés sur un chemin en terre claire et très sablonneuse. Plus rien ne semblait fonctionner dans ce camp, d'où s'échappait une odeur âcre de mort.

Des centaines de prisonniers se promenaient hagards de chaque côté de la muraille métallique. Ils étaient terriblement maigres, squelettiques. Je vis aussi ici ou là des tas de cadavres en train de pourrir au soleil. À leurs côtés, des hommes ou des femmes assis, attendant le prochain passage de la faucheuse.

Un peu partout, des femmes sales sortaient la tête de tentes en toile qui baignaient dans la boue. Elles nous souriaient. Comme pour nous souhaiter la bienvenue. Leurs vêtements étaient déchirés. Elles étaient sales, les cheveux en bataille.

«Dans quel enfer sommes-nous?», se demanda maman qui marchait à mes côtés. Je ne dis rien. Je n'avais jamais rien vu de tel. Ici, la mort rôdait brutalement, sauvagement même. Ici, la mort était puante et visible, à la différence de Birkenau où elle se cachait dans les chambres à gaz.

Comme mes camarades, j'avais peur. Finalement, nos gardes nous abandonnèrent devant une baraque surpeuplée. «Entrez», ordonnèrent-ils avant de s'éloigner rapidement.

Nouveau choc. Entre 600 à 1 000 femmes décharnées étaient couchées à même le sol, les unes contre les autres. Leurs paillasses étaient imprégnées de déjections et de crachats desséchés. Les tuberculeuses couchaient avec les dysentériques et les scarlatineuses avec les blessées. Ça toussait, ça pleurait, ça criait, ça priait. L'odeur était pestilentielle. Terrible.

Devant la bâtisse en bois, ce n'était guère mieux. Des dizaines de cadavres jonchaient le sol. Ils étaient verdâtres, gonflés par le soleil printanier, en pleine décomposition entre les pins. Mais nous, les vivants n'étions guère mieux lotis dans cette prison à ciel ouvert.

« Le typhus », me glissa une Polonaise qui me fit un peu de place. « Depuis deux mois, tout le monde y passe. Il n'y a ni nourriture ni eau potable. Une bombe a touché la centrale électrique qui alimentait la pompe hydraulique du camp. »

Plus de 30 000 prisonniers allaient en mourir entre janvier et avril 1945. Et parmi elles, une jeune Hollandaise prénommée Anne Frank, poussée à la hâte dans une fosse commune.

Pour moi, qui faisais partie des 40 000 évacués d'autres camps vers Bergen-Belsen entre février et avril 45, c'était le coup de grâce. Je souffrais déjà d'anémie et d'incontrôlables diarrhées. J'étais couverte d'œdèmes à cause de la restriction en protéines. Bref : j'étais la cliente idéale pour la fièvre typhoïde transmise par les poux.

« Aujourd'hui, t'en as un », poursuit la déportée polonaise. « Demain, tu en auras deux et dans une semaine, t'en auras des milliers… » Elle avait raison. Je tombai très rapidement malade. Je n'eus plus la force de chasser ces petites bêtes qui rampaient sur moi comme des fourmis.

J'avais de la fièvre, je tremblais et des exanthèmes apparurent sur ma peau. Je perdis très rapidement du poids. Je n'avais plus le temps d'aller aux latrines pour faire mes besoins et je perdais mes urines continuellement.

Lala tomba aussi malade et, si maman n'était pas restée en «bonne santé», je ne serais plus là. Elle veilla continuellement sur nous et nous donna le courage de tenir.

Elle nous trouva aussi un peu de soupe chaque jour. Et elle pria. «Il est où ton Dieu?», lui demandai-je un jour où j'en avais assez de toute cette horreur. Surprise, maman se tourna vers moi et me répondit: «Ruthi, ne pose pas de question dont tu n'auras jamais la réponse.»

« Je suis née une seconde fois »

« J'ai marché vers le camp. Ce qui me surprit d'abord, ce fut le brouhaha qui semblait monter des baraquements. Une sorte de rumeur, un sourd bruit de fond. Aucune comparaison possible avec le vacarme, le chahut des stalags et des oflags libérés. Ni chant, ni hurlement, ni haut-parleur. Les barbelés à droite étaient rompus, arrachés. Devant la grande porte double, deux GMC en travers. Un brouillard de fumées, de nuages bas stagnait au-dessus des toits. Et cette infection... À chacun de mes pas, l'odeur devenait de plus en plus présente, envahissante. Elle me baignait, me pénétrait. Pourriture. Décomposition. Je n'imaginais pas que "quelque chose" au monde puisse sentir aussi mauvais. Je me suis glissé entre les deux camions et j'ai soudain basculé, sans en être averti, sans y être préparé, dans l'enfer. J'ai basculé dans un charnier immense à ciel ouvert. Partout devant moi, autour de moi, il y avait des femmes. Des fantômes de femmes. Des femmes vêtues pour la plupart de robes, de manteaux-blouses rayés, avec des chiffons en guise de fichus. Des femmes squelettes vivants. À la peau grise, jaune. Elles me parlaient, me prenaient le bras. Je ne les entendais pas... Le long d'une baraque en bois, il y avait des cadavres de femmes empilés. Et partout dans le camp, des cadavres. Des centaines, des milliers de cadavres épars. »

C'est ainsi que François Hebert découvrit Bergen-Belsen quelques heures après l'arrivée des Anglais, le 15 avril. Comme tous les témoins cités par Christian Bernadac dans son livre *La libération des camps racontée par ceux qui l'ont vécue*, ce sergent canadien n'en crut pas ses yeux.

Nos libérateurs, des combattants endurcis, pleuraient en voyant ces montagnes de morts et ces survivants couverts de saleté, de plaies, de gale et de vermine.

À leur arrivée, ils trouvèrent une trentaine de milliers de prisonniers, gravement malades pour la plupart et qui vivaient dans un enfer sans foi ni loi. Des cas de cannibalisme furent même signalés.

Les Anglais réagirent alors dans l'urgence. Ils refermèrent les portes du camp et tentèrent de sauver ceux qui pouvaient l'être. Mais ils n'étaient pas prêts à affronter cette crise. Ils commirent de nombreuses erreurs qui coûtèrent la vie à 14 000 prisonniers.

Ils distribuèrent par exemple des rations de soldats à des êtres qui n'avalaient presque rien depuis longtemps. Leur estomac atrophié ne digérait plus de nourriture riche. Les Anglais n'avaient pas non plus le personnel soignant pour s'occuper de nous.

Les Britanniques savaient pourtant que le typhus régnait dans le camp. Ils avaient même négocié un armistice local avec la Wehrmacht qui avait évacué la zone. Un cas unique durant la Seconde Guerre mondiale. Les deux adversaires ne souhaitaient pas engager la bataille aux alentours de Bergen-Belsen. Pour les Allemands, c'était aussi une manière d'empêcher les déportés de s'échapper et d'infecter les environs.

De mon côté, je ne vis rien de la Libération, ou presque. Comme je n'entendis pas l'appel sonore d'un haut-parleur dans la rue centrale du camp. «Déportés! La 2e armée britannique vous délivre.» J'étais clouée sur ma paillasse. Sans force. À moitié morte. Je ne pesais plus que 30 kilos. J'avais 16 ans.

«C'est bien», aurais-je dit avant de m'effondrer et de sombrer dans un sommeil comateux. Autour de moi, ces centaines de prisonnières étaient en train de mourir à petit feu.

Dehors régnait le chaos. Les barbelés qui séparaient les quartiers des hommes et des femmes avaient été arrachés, les blocks saccagés, les cuisines pillées. Des prisonniers massacraient à coups de barres de fer des kapos et des SS, dont certains s'étaient déguisés en prisonniers.

Ailleurs, des déportés affamés se battaient entre eux pour de la nourriture au milieu de montagnes d'habits et de chaussures. D'autres mouraient dans l'indifférence générale au pied des pins. L'endroit était devenu un énorme cloaque.

Finalement, l'évacuation du camp débuta le 24 avril. Les Anglais transférèrent les survivants dans les casernes de la base de tanks de Bergen-Belsen après les avoir lavés et copieusement aspergés de DDT. Puis ils détruisirent les baraques les unes après les autres avec leurs lance-flammes. Le 21 mai, le camp de la mort était vide.

Bilan : 50 000 à 60 000 morts.

Des draps propres

Quand je repris connaissance, j'étais couchée dans un lit propre, dans des draps blancs. J'avais du mal à en croire mes yeux. J'étais sauvée. «Je suis née une deuxième fois», dis-je un matin à maman qui veillait sur Lala et moi.

Par chance, la fièvre baissa rapidement et je pus de nouveau me nourrir correctement.

Nous nous trouvions dans une grande salle où une dizaine de femmes étaient soignées par les Anglais, de jeunes étudiants en médecine arrivés tout droit des universités de Londres. Ils étaient très gentils avec nous, toujours à notre disposition. Et c'est à leur contact que je commençai à apprendre la langue de Shakespeare.

Quelques jours après mon arrivée dans cet hôpital de fortune, je retrouvai des forces. Ce qui me permit de sortir de ma chambre et de me promener dans la caserne SS de Bergen. Je me baladai aussi dans les forêts et, plusieurs fois, je retournai au camp de concentration tout proche.

J'assistai alors à un étrange spectacle. Celui des SS, femmes et hommes, en train de courir avec des cadavres décharnés et nus sur leur dos. Sous la garde de soldats anglais, ils devaient les déposer délicatement dans d'énormes fosses communes creusées par des trax de l'armée anglaise. Les mêmes machines qui poussèrent dans les trous béants les milliers de corps des prisonniers que les Allemands n'avaient pas eu le temps d'enterrer ou de brûler.

Nous retrouvions les petits plaisirs de la vie : dormir dans un bon lit, se parler normalement, perdre son temps, manger à sa faim et goûter une bonne compote de rhubarbe que maman nous cuisina à Lala et moi quelques jours après notre libération. Des rhubarbes qu'elles avaient volées dans un potager tout proche.

Après quelques semaines de ce traitement de choc, je repris du poids et je retrouvai la santé. J'osai enfin me regarder dans un miroir. J'étais maigre à en pleurer, mais mes traits n'étaient plus ceux d'une enfant. J'étais devenue une femme et je ne m'en rendais compte que ce jour-là.

Avec Lala et maman, nous avions pris l'habitude de nous promener dans la campagne environnante. Nous pouvions ainsi nous oxygéner dans les prés où paissaient paisiblement des centaines de vaches laitières. Parfois des paysans allemands nous croisaient en baissant les yeux. Nous les toisions. Mais je n'avais pas de goût de revanche dans la bouche. Je voulais reprendre ma vie là où je l'avais laissée.

C'est d'ailleurs ce que j'écrivis à ma sœur Esther dans une longue lettre que la Croix-Rouge lui fit parvenir. En 13 pages, je lui racontai notre périple à Lala, maman et moi. Je lui expliquai la faim, la mort, la maladie, les coups, la peur. Je lui dis nos peurs à Bergen-Belsen, Birkenau, Hambourg et Theresienstadt.

Je lui parlai également de mon espoir de revoir papa très rapidement. Nous n'en avions aucune nouvelle depuis notre départ de Birkenau. Nous étions confiantes. Si nous avions survécu, lui aussi devait avoir trouvé les ressources pour s'en sortir. Chaque jour, j'allais consulter les registres des survivants. Mais je ne voyais toujours rien venir.

Trois mois après notre libération, Lala et moi étions de nouveau sur pied de guerre. La Croix-Rouge nous demanda alors où nous voulions aller. La guerre était terminée en Europe depuis un mois, depuis le 8 mai 1945. L'Allemagne avait perdu. Hitler était mort. Sa clique était en pleine débandade et les SS nous avaient remplacés dans les camps.

À plusieurs reprises, on nous proposa d'émigrer aux USA ou au Canada, ou dans n'importe quel pays de notre choix. Nous voulions rentrer en Tchécoslovaquie, à Prague plus précisément où nous espérions retrouver papa. Personne n'avait de nouvelle à son sujet. Ni la Croix-Rouge qui tentait tant bien que mal de reconnecter les familles éparpillées dans toute l'Europe, ni les survivants juifs qui transitaient par les casernes de Bergen-Belsen avant de rentrer chez eux ou de trouver un pays d'accueil, les USA notamment.

Finalement, un beau matin ensoleillé de juillet, nous avons pris un train de voyageurs et nous avons traversé l'Allemagne au milieu d'un chaos incroyable. À cette époque, des millions de réfugiés traversaient l'Europe dans tous les sens.

Après deux jours de voyage, nous arrivions à Pilsen, ville frontière tchèque qui avait été libérée le 6 mai par l'armée américaine. Et première déconvenue pour nous qui chantions de joie... en allemand. Deux employées de la Croix-Rouge tchécoslovaque nous interrompirent brutalement. «Plus un mot en allemand. C'est une langue très mal vue en Tchécoslovaquie désormais», insista l'une d'entre elles en nous fusillant du regard.

Au même moment, un voyageur tchèque nous demanda qui nous étions et ce que nous faisions là. «Nous sommes juives et nous rentrons des camps d'Allemagne», répondit l'une d'entre nous. «Pour quoi faire?», rétorqua l'homme, plutôt âgé. «Il n'y a plus rien ici pour vous. Vous n'avez plus votre place. On ne veut plus des juifs dans notre pays.»

Nous avons compris que nous n'aurions aucun traitement de faveur. Et surtout pas de la part des Soviétiques qui occupaient désormais une bonne partie de la Tchécoslovaquie. Comme les nazis, ils n'étaient pas réputés pour faire des cadeaux aux juifs.

PARTIE 7

L'APRÈS-GUERRE

« TIENS, VOUS ÊTES DE RETOUR »

L'État tchèque était à bout de souffle après la guerre. Quant aux Russes qui occupaient le pays, ils se moquaient bien du sort des rescapés de la Shoah. C'est donc auprès de la communauté juive de Prague que nous trouvâmes du réconfort et surtout une aide matérielle bienvenue, nous qui avions tout perdu.

Elle nous habilla, nous nourrit grâce à l'appui des organisations américaines dont le Council of Jewish Commission in Bohemia and Moravia. Elle nous logea aussi au 15 de la rue Soukenicka, la même rue où nous avions vécu avant la guerre.

Dès que nous l'avons pu, nous sommes retournées dans l'appartement du numéro 22 dans l'espoir d'y trouver papa. Sans succès. Nous n'y avons croisé que la concierge. « Tiens, vous êtes de retour », s'étonna-t-elle avant de nous expliquer que nos meubles avaient été volés par les Allemands après notre déportation en 1942. Elle n'avait rien pu faire pour les en empêcher, insista-t-elle. Je ne la crus pas. Elle aussi avait dû se servir au passage. Mais que pouvions-nous prouver ? Je retrouvai aussi mon ami Josef, le garçon à qui j'avais confié mon violon. Il avait tenu parole. Mon instrument était intact. Mon ami qui eut du mal à me reconnaître, tant j'avais changé après trois ans de camp, ne l'avait pas joué. « Je n'ai jamais osé », m'avoua-t-il. « J'avais l'impression que je ne te reverrais jamais si je l'avais fait. »

Je le pris dans mes mains. Je le regardai longtemps, le tournai, l'observai, le caressai. Puis délicatement je le reposai dans son étui. Quelque chose me disait que je ne le retravaillerais plus jamais. Je ne pouvais plus, je crois. Le violon, c'était ma jeunesse. Elle s'était envolée à cause des nazis. Il fallait que je tourne la page.

Nous avons fini par apprendre que papa, sous le numéro 125537, était mort dans le petit camp de Buchenwald le 24 février 1945. Des survivants nous racontèrent qu'il échangea une de ses dernières rations contre un bout de cigarette. Il fut incinéré dans le crématoire du camp. Ses restes furent ensuite jetés dans les forêts de la colline d'Ettersberg, au-dessus de Weimar. À l'endroit même où le poète, philosophe et dramaturge Johann Wolfgang von Goethe avait l'habitude de se reposer, de méditer et travailler.

Plus rien ne nous retenait à Prague. Maman, Lala et moi sommes parties à Karlsbad. La ville n'était plus la même. Notre synagogue avait brûlé. Les magasins juifs avaient changé d'enseigne et les soldats russes, en cure, avaient remplacé les touristes du monde entier. Sept ans après notre exil forcé, nos amis, nos connaissances avaient disparu. Nous savions ce qui était arrivé aux juifs. Mais les Allemands ? On nous expliqua à notre retour que trois millions de Tchèques d'origine allemande furent expulsés des Sudètes vers l'Allemagne en représailles des crimes nazis. Leurs biens furent confisqués comme prises de guerre.

C'est là que la situation se gâta pour une partie des 20 000 juifs tchèques qui avaient survécu au massacre. Beaucoup ne parlaient que l'allemand. Ce qui était désormais interdit. Pire : la majorité des juifs s'étaient annoncés comme Allemands lors du recensement de 1930 et plus de 1 500 d'entre nous durent prouver leur origine tchèque lors de leur retour des camps. Les autorités allèrent jusqu'à exiger des certificats de loyauté et elles n'hésitèrent pas à expulser des centaines de familles juives vers l'Allemagne. Un comble.

Par chance, ce ne fut pas notre cas. Mais comme des milliers de juifs, nous n'avons pas pu récupérer nos biens confisqués par les SS durant la guerre. Maman tenta en vain de reprendre notre restaurant reconverti en banque.

Le gouvernement avait décidé d'empêcher les juifs de retrouver leur propriété, à moins qu'ils ne puissent prouver leur légitimité. Or tous nos documents officiels, nos passeports, nos bulletins scolaires, nos actes de bien avaient disparu. Il nous fut impossible de prouver quoi que ce soit. Nos biens furent ainsi versés dans le fonds des propriétés allemandes confisquées.

De 1945 à l'automne 1947, des déportés furent victimes de pogroms comme en Pologne ou de menaces. Le message était clair : nous n'avions plus notre place dans ce pays.

Maman décida alors d'envoyer Lala en Palestine. Elle partit à l'été 1946 dans un transport de l'organisation juive Youth Aliya. Entre 1945 et 1949, de 15 000 à 19 000 juifs tchèques quittèrent ainsi le pays. Soit la moitié des survivants de la Shoah.

Lala prit le bateau à Marseille. À son arrivée, elle fut internée durant trois mois dans le camp de réfugiés d'Atlit. Les Anglais, qui voulaient empêcher un raz de marée juif en Terre promise, avaient remplacé les nazis de l'autre côté des barbelés.

Ma sœur put finalement rejoindre Esther. Elle avait ouvert un restaurant à Netanya avec Ziggy son mari, le jeune Polonais avec lequel elle avait quitté Prague en 1939.

À notre arrivée à Karlsbad, maman et moi avons emménagé dans l'appartement d'une famille allemande chassée par les nouvelles autorités tchèques. Les associations juives américaines nous venaient toujours en aide. Elles nous envoyaient de l'argent, des vivres ou des habits.

Je trouvai un emploi comme aide chez le pharmacien Engel, un juif anglais qui avait débarqué en Tchécoslovaquie après la guerre. Au début, je livrais les médicaments. Puis j'ai appris à les confectionner.

Le goût à la vie renaissait petit à petit. Je me fis des amis. Nous allions danser. J'essayais de vivre la vie normale d'une jeune fille de 20 ans. De rattraper le temps perdu. J'eus quelques petits amis. J'aurais aimé faire des études de pharmacie, mais nous n'en avions pas les moyens.

En 1946, les communistes ont conquis le tiers du Parlement et en février 1948, ils se sont emparés du pouvoir. J'avais souffert de la dictature nazie. Je ne voulais pas vivre sous celle des soviets. Je ne voulais plus entendre le bruit des bottes.

En février 1949, nous avons rejoint Israël, indépendant depuis mai 1948. Nous avions enfin notre terre d'accueil.

Mais avant, il fallut obtenir notre passeport. Les Russes ne laissaient partir les juifs qu'au compte-gouttes. Avant notre départ, nous dûmes encore faire l'inventaire de nos

Ruth, Rondla et Lala photographiées en 1945 à Prague.

Ruth (à gauche) dans la pharmacie Engel en 1946.

«richesses». Ordre des communistes. Nous ne pouvions emporter que le strict nécessaire.

Une nouvelle fois, je pus sauver mon vieux violon. Je le pris sous le bras ainsi qu'une petite valise pleine d'habits. Le train de notre Aliyah nous emmena à Gênes à travers l'Autriche et la Suisse. Pour une fois, j'étais assise dans un vrai compartiment chauffé. J'avais un lit, à manger et je pus profiter du paysage magnifique des Alpes.

« COMME DES AGNEAUX »

La traversée sur le bateau *Abbazia* se déroula sans souci. Plusieurs centaines de juifs européens avaient embarqué avec nous. On parlait tchèque, hongrois, mais aussi polonais et allemand. Entre 1948 et 1952, plus de 700 000 juifs débarquèrent en Israël comme maman et moi, faisant doubler sa population.

À notre arrivée à Haïfa, Esther et Lala, qui s'était mariée en 1946, nous attendaient sur le quai. Nous nous sommes jetées dans les bras les unes des autres. Nous nous embrassions longuement en priant pour le souvenir de papa. Esther n'en revenait pas de m'avoir quittée fillette dix ans auparavant et de retrouver une femme en face d'elle.

Puis maman et moi, nous nous sommes installées dans le petit appartement de ma grande sœur à Netanya. Elle avait eu un fils. Un fils qui ressemblait comme deux gouttes d'eau à papa.

À notre surprise, personne en Israël, pas même Esther, ne s'intéressa à notre parcours dans les camps. Les gens avaient leurs propres problèmes. Le pays était en construction et surtout en guerre. La liste de ses ennemis était longue comme un jour sans pain.

Tout le monde voulait bâtir une nouvelle vie. L'ancienne n'avait plus d'importance. Et puis les survivants étaient vus parfois avec un certain malaise. « Vous êtes allés à l'abattoir comme des agneaux », nous lançaient certains sans autre forme de procès.

Esther, Ruth et Lala en Israël, vers 1950.

Ruth (au centre) dans son uniforme de l'armée israélienne vers 1950.

Nous avions beau alors nous défendre en expliquant que nous étions des enfants, que nous n'avions pas d'armes et qu'il aurait fallu une armée pour repousser les SS, personne ne voulait entendre nos arguments. Je préférais donc me taire et encaisser.

D'autres se demandaient même comment nous avions survécu. Étions-nous des putes, des kapos, des vendus? Avions-nous profité de la mort de quelqu'un d'autre pour tenir? Mieux valait oublier et passer à autre chose. Le temps n'était pas encore venu de parler de la Shoah.

De 1952 à 1954, je fis mon service militaire de deux ans dans une caserne proche de Netanya. Ce qui me permettait de rentrer régulièrement à la maison et de voir maman et mes sœurs. Même si j'avais été enrôlée comme pharmacienne, j'appris à tirer au fusil. Cela me fut très utile, bien plus tard, quand, avec mes enfants, nous allions à la fête foraine. J'étais sûre et certaine de pouvoir leur décrocher le jouet de leur rêve au tir-pipes!

Comme je montrais un réel enthousiasme, je ne tardai pas à monter en grade. Je finis sergent sous les ordres du commandant Elias, le mari de Ruth Elias. Un Tchèque comme moi.

C'est à l'armée que je compris la belle diversité de la société israélienne. Dans mon unité, des Irakiens et des Roumains côtoyaient des Polonais et des Allemands. Je finis par louer un appartement en ville. Le début de mon indépendance.

Mais c'est aussi à l'armée que je perdis mon violon, mon cher vieux violon que j'avais prêté à un soldat tchèque de mon régiment sanitaire. Il voulait le jouer pour qu'il ne perde pas son âme, m'avait-il dit. Puis un jour, il m'avertit qu'on le lui avait volé dans une fête. Je pense plutôt qu'il l'avait vendu. Tout cela reste une grande douleur pour moi.

Ensuite, je travaillai quelque temps pour le mari de Lala. Il tenait un magasin d'appareils photos à Tel Aviv. J'appris à retoucher les photographies, à gratter les rides avec une lame de rasoir et à souligner des traits du visage avec un crayon.

La vie était douce. Je faisais les allers-retours entre Tel Aviv et Netanya où maman était restée avec Esther. J'allais souvent à la plage. Je rencontrai des amis. On faisait la fête. Et je ne connus aucun problème pour apprendre l'hébreu grâce aux cours que ce jeune rabbin m'avait donnés à Karlsbad.

Finalement, je rencontrai Salomon Fayon en 1955, Moni pour ses amis. Un ami commun nous présenta. Il était beau, souriait tout le temps, avait le sens de la repartie et il parlait parfaitement l'allemand qu'il avait appris à l'école. Bref, ce trentenaire athlétique me tapa dans l'œil, comme moi dans le sien.

Moni participait à la Maccabiade, sorte de jeux olympiques juifs. Il représentait la Turquie dans la compétition de ping-pong. Nous nous revîmes plusieurs fois en Israël avant son retour sur les bords du Bosphore.

Maman me regarda dans les yeux. «Je te souhaite de rencontrer toujours des braves gens sur ton chemin. Et il ne t'arrivera jamais du mal. Vas-y», m'assura-t-elle. Et comme mon cœur me disait de partir, je pris l'avion. Pour la première fois de ma vie.

MONI ME MANQUE

Moni et moi, nous nous sommes mariés le 11 mars 1956 à la Synagogue italienne d'Istanbul entourés de nos familles et amis. J'y vécu trois ans avant de rejoindre de Genève, juste un mois avant la naissance de notre fille Ilana.

La vie dans la grande ville turque était agréable. Je découvris l'ancienne Constantinople, le bazar, les rives du Bosphore. Juifs, musulmans, chrétiens vivaient sans anicroche. La cité était très internationale. Je me liai très rapidement d'amitié avec des Autrichiens, des Italiens, des Français, mais surtout des Turcs, avec qui je suis encore en contact aujourd'hui.

Avec Moni, nous allions au théâtre, au cinéma et au concert. Il nous est même arrivé d'assister à des matchs de football du Fenerbahçe, son club préféré. En revanche, pas question pour moi d'avoir un emploi. «Ma chérie, ici les femmes ne travaillent pas», coupa un jour Moni alors que je lui expliquais que je ne voulais pas rester inactive. La discussion était close. Et nous ne la rouvrîmes jamais.

Moni travaillait beaucoup. Il représentait la 4e génération de sa famille dans le négoce de peaux de cuir brut. Un travail de collecteur. Originellement, le père de mon mari et son oncle tenaient un dépôt à Sofia. Et lorsque la guerre a éclaté, la famille de Moni est partie à Istanbul. Son oncle est resté en Bulgarie.

Or l'affaire a fait faillite. Comme un malheur ne vient jamais seul, entre-temps, le père de mon mari est décédé. Ce dernier a donc dû arrêter ses études et a commencé à travailler pour nourrir sa famille. Sa mère a dû faire du tricot et du crochet pour gagner un peu d'argent.

Moni a commencé vraiment en bas de l'échelle, tout d'abord dans les dépôts, avant de gagner ses galons de patron.

En août 1959, nous avons déménagé à Genève. Moni voulait développer de nouveaux marchés en Europe. Et la ville du bout du lac était, pour lui, l'endroit idéal pour rayonner sur le continent.

J'étais enceinte de huit mois quand nous sommes arrivés en Suisse. Nous avions très peu d'argent, juste assez pour lancer les affaires de Moni. Je ne connaissais pas ce pays, ni ses habitants. Je ne parlais même pas le français. Par chance, plusieurs amis turcs établis à Genève nous ont aidés à nous installer.

Nous sommes restés quelque temps à l'*Hôtel de la Paix*. Puis mon époux nous trouva un petit appartement au 20 avenue Peschier, dans le quartier de Champel. Nous y avons vécu avec ma belle-mère que Moni n'avait pas voulu laisser seule à Istanbul.

Une année après la naissance de Sam et Luc, en 1962, nous déménagions dans une villa à Thônex. Située au chemin du Foron, cette belle maison de style genevois était blanche avec un grand jardin et des arbres fruitiers. En 1974, nous avons reçu notre passeport suisse. Nos enfants allaient à l'école. Nous vivions heureux.

Puis nous nous sommes installés dans la villa de Conches vers la fin des années 1980. Nos enfants étaient grands. Ilana s'est alors lancée dans l'architecture d'intérieur, alors que Sam et Luc travaillaient avec leur père dans la société familiale.

De mon côté, je me suis investie dans les activités de la Communauté Juive de Genève. J'ai été membre de son

Ruth et Moni, Istanbul, vers 1956.

comité et responsable du service social durant des années. Je venais en aide aux juifs désœuvrés de notre ville.

En parallèle, j'ai fait partie du comité suisse de la Women's International Zionist Organization, une organisation internationale qui œuvre pour la promotion des femmes dans la société juive aussi bien en Israël que dans la Diaspora. J'ai notamment eu l'idée d'une brocante où nous avons mis en vente des bibelots, des habits et des livres.

En 1974, j'ai participé à la fondation de la section suisse de Beit Halochem, un groupe qui vient encore aujourd'hui en aide aux soldats blessés de Tsahal. Plusieurs années de suite, nous les avons accueillis en Suisse pour des séjours de repos au pied des Alpes.

Parallèlement, je m'offrais un de mes plaisirs favoris : assister aux concerts de musique classique, à Genève, au Victoria Hall, à Montreux, à Lausanne, à Verbier ou à Gstaad. Mozart, Dvorak, Brahms, Beethoven, Strauss, je ne me lasserai jamais de leurs mélodies.

Puis Moni a disparu, emporté par un cancer du foie et du pancréas en 1992. Depuis j'essaie de m'habituer à son absence. Il me manque tant.

CONCLUSION

À la fin des années 50, j'ai souhaité revoir l'ancienne SS, Eva-Maria Borowska. Moni se chargea de retrouver sa trace. Une de nos connaissances nous transmit très rapidement son numéro de téléphone.

J'hésitai de longues minutes devant mon appareil. Qu'est-ce que je cherchais en fait ? Une revanche ? La narguer ? Ou la remercier de vive voix de nous avoir aidées, maman, Lala et moi, à survivre dans les camps de la mort industrialisée ?

Finalement, je pris mon courage à deux mains. J'empoignai le combiné et je composai le numéro. Trois sonneries et une voix lointaine mais familière me répondit. « Allô, Eva-Maria Borowska ? », demandai-je. « C'est Ruth... »

À l'autre bout du fil, ma correspondante se souvint tout de suite de moi et de ma famille. Elle me dit qu'elle était heureuse de m'entendre et d'apprendre que j'avais survécu à « cette horreur ». Elle m'expliqua qu'elle était mariée depuis quelques années. Elle n'avait pas d'enfant.

Puis, les années noires refirent surface. Notre ancienne garde me raconta la fin de sa guerre. Après nous avoir quittées, maman, Lala et moi, devant la porte du camp de Bergen-Belsen, elle avait jeté son uniforme dans un fourré. Elle était ensuite rentrée chez elle à Hambourg, où elle fut arrêtée par les policiers alliés en juin 1945 avant d'être jugée et condamnée à six mois de prison pour crimes de guerre.

« J'espère que les Anglais étaient des gardes plus sympathiques que vous », ironisai-je avant de l'inviter à me rendre visite en Suisse. Un geste que j'ai encore du mal à comprendre aujourd'hui.

Notre rencontre à Genève se passa très mal. À tel point que Moni et le mari d'Eva-Maria, un ancien SS, faillirent en venir aux mains. Ce dernier n'avait pas envie de s'excuser pour les crimes d'Hitler. Comme beaucoup d'Allemands qui avaient vécu la Deuxième Guerre mondiale, il cherchait à justifier les horreurs de leur Führer. C'était trop pour moi. Trop pour Moni aussi.

Je n'ai plus jamais revu Eva-Maria Borowska. Mais cette SS est la seule à qui j'ai pardonné. Et c'est peut-être ce que je voulais lui dire en l'invitant à ma table. Je crois aussi que je voulais lui montrer que je n'étais pas qu'un numéro tatoué sur un bras.

Souvent on me demande si j'ai une haine contre les Allemands. L'ancienne déportée que je suis n'a rien, bien entendu, contre la génération d'après 1945. En revanche, j'ai plus de mal avec ceux qui ont vécu la guerre. Ils n'ont rien fait pour soulager notre calvaire. Ou si peu. Et je ne supporte pas de les entendre plaider leur « je ne suis pas coupable, j'ai simplement obéi aux ordres ».

Reste que j'ai toujours détesté le mot « haine ». Il n'a pas de place dans mon cœur. À quoi bon ? Je n'aurais pas voulu devenir une femme pleine de ressentiments et d'aigreur. Ma vie ne l'aurait pas mérité. Ni mon mari, ni mes enfants, ni mes amis.

Je voulais une existence heureuse et accomplie. J'avais vu assez de haine et de malheur dans les camps. J'avais vu toutes les horreurs dont était capable l'être humain. Je ne voulais pas me laisser emprisonner dans la mémoire de mon calvaire. Mes bourreaux auraient gagné sinon.

Et puis je n'ai pas eu le temps de trop gamberger dans ma vie. Je voulais la croquer, rattraper le temps perdu. Ma réponse à mon enfance malheureuse fut ma famille. J'ai eu une vie sociale remplie. J'ai voyagé à la découverte du monde et des autres, en Israël, mon pays de cœur, mais aussi au Brésil, en Argentine ou aux États-Unis d'Amérique. Avec Moni et les enfants, nous avons aussi traversé l'Europe dans tous les sens, moi qui me sens pleinement européenne, moi qui suis polonaise, tchèque, israélienne et aujourd'hui suissesse.

Moi qui ai vécu en Tchécoslovaquie, en Israël, en Turquie et finalement en Suisse, à Genève, la ville internationale par excellence. Comme moi finalement.

J'ai eu aussi la chance de rencontrer des décideurs. De belles rencontres. J'ai croisé par exemple le président israélien Shimon Peres, l'ancienne déportée Simone Veil, Sœur Emmanuelle, Élie Wiesel, prix Nobel et ancien déporté, la résistante française Lucie Aubrac, le philosophe Bernard-Henry Levy ou encore Moshe Dayan, le fameux chef de guerre israélien.

En 1999, j'ai serré la main de Yasser Arafat à Ramallah. J'accompagnais Manuel Tornare, le maire de Genève, en déplacement dans la région. Mon ami devait visiter des écoles et des institutions soutenues par les autorités genevoises en compagnie de Souha Arafat, l'épouse du premier président de la nouvelle Autorité palestinienne.

Madame Arafat nous emmena ensuite à la rencontre de son mari, à la Mouqattah. Une rencontre brève, mais intense pour moi. Je voyais là un des hommes les plus haïs par les juifs. Un de ces rares terroristes repentis qui avaient encore le sang de mon peuple sur les mains.

Arafat, qui portait son traditionnel keffieh, était bien plus petit que je me l'imaginais. Bien plus vieux et plus fatigué aussi, derrière le grand fauteuil de son bureau présidentiel. D'une voix douce, il me souhaita la bienvenue en arabe.

Sa femme lui raconta ensuite que j'avais survécu aux camps de la mort. Le vieil homme se leva alors et me prit le bras gauche avant de, délicatement, caresser mon tatouage de déportée à plusieurs reprises sans un mot. En silence. Il me souriait, comme gêné. Son geste me surprit. Il me gêna et me toucha à la fois.

Que voulait-il exprimer ? Voulait-il faire la paix avec son passé ? Je n'ai pas osé lui poser la question.

Puis nous nous quittâmes en haut du grand escalier du palais présidentiel. Arafat, qui est mort cinq ans plus tard, en 2004, repartit dans son bureau. Je montai dans notre voiture pour rentrer à mon hôtel à Jérusalem. J'étais émue. Mes jambes tremblaient. J'en ai encore la chair de poule en l'évoquant.

Mon numéro sur mon bras a été, est et restera mon fardeau. Mais il fut aussi une porte d'entrée vers d'autres univers. Ceux d'un Arafat, par exemple, ou d'autres personnalités que j'ai pu croiser. Celui des écoles de toute la Suisse romande, mais aussi de France. L'univers encore des rescapés, avec lesquels je partage tant et rien à la fois.

Ruth Fayon lors de la remise de la Légion d'Honneur en 2006.

Ce matricule hideux qui a nié ma propre humanité fut aussi un rappel quotidien de ma chance. J'ai survécu là où tant ont péri. Je ne dois jamais l'oublier et m'en montrer digne. Papa l'aurait voulu. Six millions de morts l'exigent.

C'est aussi pour eux que j'ai caché mes souffrances au plus profond de moi. Au lieu de me miner, elles m'ont donné de la force. Celle d'avancer. Celle de recommencer une vie mal partie. Celle d'aimer.

Celle de ne haïr personne. Ni une ancienne SS, ni un ancien terroriste palestinien. Qu'aurais-je appris si j'étais tombée moi aussi dans le même piège que les nazis ?

Reste que je ne suis pas naïve. Après Birkenau, Theresienstadt et Bergen-Belsen, je ne peux pas faire confiance. Pas totalement en tout cas.

Et depuis que j'ai vu les massacres en Yougoslavie et au Rwanda, je me dis qu'Auschwitz peut recommencer. Cela me fait peur. Mon livre est un avertissement…

Plus jamais ça.

REMERCIEMENTS

L'aventure de ce livre fut une aventure à deux. Ruth Fayon m'a patiemment raconté sa vie. Et je l'ai tout aussi patiemment écrite en confrontant ses souvenirs avec le présent, avec la réalité, avec le terrain, avec les sources historiques, judiciaires. Ce fut un long travail de recherche et de lecture d'ouvrages sur la Shoah. Un long travail également de reconstruction pour Ruth Fayon qui avait, et c'est bien logique, perdu certaines traces de son propre parcours.

Trois ans ont été nécessaires pour retisser ces liens. Il m'a fallu me rendre à Auschwitz bien sûr, mais aussi à Hambourg, Bergen Belsen, Neuengamme, Prague, Theresienstadt, Tel Aviv, Jérusalem ou encore Bad Alrosen et Buchenwald. J'y ai rencontré des rescapés qui m'ont raconté leur calvaire. Merci à eux de m'avoir ouvert leur porte.

J'y ai trouvé également des documents originaux, des fiches d'internement, des comptes rendus des procès des gardes SS après 1945 ou des photos de ces derniers. J'ai également senti l'air des lieux. Je m'en suis inspiré pour le livre. Et accompagné de Pierre-Yves Massot, qui a photographié les lieux où Ruth Fayon a passé son enfance, ses longs mois d'emprisonnement et ses premières années de liberté, j'ai ramené ces sensations, ces ambiances, ces images dans mes bagages.

J'ai également rassemblé des images tirées de livres historiques ainsi que des films que Ruth Fayon et moi avons regardés ensemble des heures durant.

Ruth Fayon a eu beaucoup de courage. Il en fallait pour ressortir ses souvenirs enfouis pour beaucoup dans un coin de sa mémoire. Comme pour se préserver du malheur.

Il faut savoir qu'à chaque séance Ruth Fayon semblait revivre les pages noires de sa vie. À de nombreuses reprises, elle m'a demandé d'arrêter notre dialogue, de changer de sujet. «Regardez, j'en tremble», me disait-elle, fragile, touchée, déstabilisée. Elle a beaucoup pleuré aussi.

Merci donc à Ruth Fayon qui a accepté que je lui pose des questions, parfois indiscrètes. Parfois trop directes. Parfois trop dures. Qu'elle me pardonne.

Ce livre n'existerait pas non plus sans la volonté d'Ilana, qui m'a accompagné tout au long de mes recherches. Un grand merci également à ses frères Sam et Luc qui ont initié ce travail en me contactant par l'intermédiaire d'un ami commun.

Je ne veux pas oublier non plus toutes celles et tous ceux qui m'ont fourni des informations, notamment les services de la Croix-Rouge de Bad Arolsen, les archivistes d'Auschwitz, de Bergen-Belsen, de Buchenwald, de Gross-Rosen, de Neuengamme et de Theresienstadt. Je ne les citerai pas tous de peur d'en oublier.

Merci aussi à ceux qui m'ont soutenu, qui ont corrigé le manuscrit et qui m'ont poussé à enquêter toujours plus loin: Cécile Margain, Sandra Marilley, Helène Vallélian et Sid Ahmed Hammouche. Merci à Michael von Graffenried qui a pris le temps de tirer mon portrait pour la couverture, et à Johanne Gurfinkiel, secrétaire général de la CICAD (Coordination Intercommunautaire Contre l'Antisémitisme et la Diffamation), à qui ce livre doit beaucoup.

Merci enfin à Marie-Pierre, mon épouse, ma muse et mon amour, dont la patience et la relecture m'ont toujours été indispensables. Et que mes filles Lola et Nina me pardonnent mes longues heures d'absence. Ce livre est aussi et surtout pour elles. Qu'elles n'oublient jamais l'horreur. Et qu'elles se battent pour cela n'arrive plus jamais.

Plus jamais ça.

Patrick Vallélian

LEXIQUE

Aktion : terme utilisé pour désigner les diverses opérations de déportation et d'extermination.

Aliyah : mot hébreu signifiant littéralement ascension ou élévation. Il désigne l'acte d'immigration en Terre sainte par un juif.

Appelplatz : désigne la place d'appel des camps, parfois désignée sous le nom de « *Lagerplatz* ».

Antisémitisme : haine des juifs. Forme particulière de racisme.

Aryen : pour les nazis, sont aryens uniquement les individus de race blanche non juifs, en particulier les personnes de grande taille aux cheveux blonds et aux yeux bleus.

Ashkénaze : mot hébreu signifiant « Allemand » et désignant les juifs d'Europe centrale issus de la diaspora établie initialement en Allemagne. Avant la guerre, les Ashkénazes étaient près de 14 millions sur les 16,5 millions de juifs dans le monde.

Bekleidungskammer : entrepôt des habits.

Block : baraque de détenus dans les camps nazis.

Blockälteste : chef de baraque.

Camp de concentration : lieu où l'on concentre des personnes privées de leur liberté. Les premiers apparaissent en Allemagne en 1933. Les nazis y enferment les opposants politiques, les asociaux et les délinquants sexuels, dont les homosexuels. Les premiers camps de concentration furent conçus par les Britanniques lors de la guerre des Boers, en Afrique du Sud (1899-1902). Parmi les camps de concentration nazis, il y avait Buchenwald, Bergen-Belsen et Dachau, en Allemagne, Auschwitz en Pologne. On trouve d'autres camps dans certains pays.

Camp d'extermination : lieu de mise à mort des juifs essentiellement. Il constitue un terminus ferroviaire dont les quais mènent à la chambre à gaz. Pour éviter les révoltes et les réactions de panique, les chambres à gaz étaient camouflées : les victimes croyaient qu'on les emmenait prendre une douche. Les six premiers camps de la mort se trouvaient en Pologne : Auschwitz-

Birkenau, Chelmno, Treblinka, Sobibor, Majdanek, Belzec. À la fin de la guerre, d'autres camps de concentration étaient sur le point d'être transformés en camps d'extermination.

Chambre à gaz : invention nazie destinée à tuer avec des gaz toxiques. Les chambres à gaz étaient de grandes salles ayant l'apparence de douches collectives. Quand les victimes étaient enfermées à l'intérieur, les tuyaux déversaient non pas de l'eau mais du gaz.

Crime contre l'humanité : notion créée en 1945 par le tribunal de Nuremberg pour désigner l'assassinat, l'extermination, l'asservissement, la déportation et tout acte commis contre des civils pour des motifs politiques, raciaux ou religieux.

Einsatzgruppen : unités mobiles formées de policiers et de SS, qui, lors de l'invasion de la Pologne à l'automne 1939, enferment la population juive dans des ghettos. À partir de 1941, ces unités sont chargées de massacrer les juifs dans le sillage de l'armée. Par la suite, ils furent remplacés par les camps de la mort, jugés plus efficaces.

Génocide : mot inventé en 1944 par Raphael Lemkin, professeur de droit international, le mot désigne l'extermination des juifs. Il vient de *genos*, la race en grec, et de *coedere*, tuer en latin. Il est également utilisé pour définir le massacre des Arméniens (1915-1916), des Cambodgiens (1975-1979) et le massacre du Rwanda (1994).

Gestapo : abréviation des termes allemands *Geheime Staatspolizei*, police secrète d'État, section la plus impitoyable de toutes les organisations nazies.

Ghetto : nom initialement donné au quartier juif de Venise, entouré de murs et de portes en 1516, et situé à proximité d'une ancienne fonderie (*getto* en italien). Durant la Seconde Guerre mondiale, les Allemands ont forcé les juifs ou les Tziganes à habiter ces quartiers séparés du reste de la ville aryenne par des barbelés ou par des murs.

Gubernyia : division administrative (province) de la Russie tsariste. Les provinces occidentales de la Russie comptaient de nombreuses communautés juives formant l'essentiel de la zone de résidence.

Häftling : détenu dans un camp de concentration nazi.

Hanouka : fête commémorant la victime des Macchabées sur les Syriens qui avaient souillé le Temple de Jérusalem. Elle dure huit jours, vers la fin décembre de chaque année. Occasion d'offrir des cadeaux, notamment aux enfants.

Judenrat : conseil juif instauré par les nazis dans les ghettos pour avoir un seul interlocuteur, chargé d'appliquer leurs ordres.

Kaddish : prière des morts.

Kapo : détenu, le plus souvent de droit commun, servant d'intermédiaire entre les SS et le groupe de détenus dont il avait la charge. Les kapos étaient réputés pour leur cruauté.

Kasher : nourriture dont la consommation est autorisée en vertu de la loi religieuse juive. Aucune trace de sang ne doit apparaître dans les plats. De même, il est interdit de mélanger la viande et le lait.

Kommando : détachement de détenus affectés à une tâche. Par extension, ce terme désignait le lieu de détention fixe ou provisoire dépendant d'un camp de concentration, de même que les détenus qui y étaient affectés.

Marches de la mort : l'avancée des troupes russes, à la fin de la guerre, obligea les Allemands à battre en retraite. Les prisonniers durent évacuer les camps et traverser une partie de l'Europe à pied. Ceux qui n'avaient pas la force d'avancer étaient abattus sur le bord de la route.

Musulman : surnom donné aux détenus parvenus au dernier degré de l'épuisement.

Nazi : abréviation du terme de Parti national-socialiste des travailleurs allemands. Le nazisme est une forme particulière de fascisme qui se concentre sur la notion de race et le contrôle racial.

Négationnisme : action de nier l'existence des chambres à gaz.

Pessah : Pâque juive commémorant la sortie des juifs d'Égypte.

Pogrom : action violente préméditée, menée à l'instigation du tsar par sa police, avec l'aide de populations locales, essentiellement contre les communautés juives d'Europe.

Pourim : célébration du miracle qui a sauvé les juifs en Perse.

Rabbin : ministre du culte, chef spirituel et guide religieux d'une communauté juive.

Rampe : quai généralement en béton conduisant de la gare au camp, sur lequel s'effectuait la sélection.

Revier : hôpital d'un camp de concentration, réduit la plupart du temps à un mouroir ou à un lieu de sélection pour des expériences pseudo-scientifiques.

Rollwagen : charrette à bras montée sur deux grandes roues.

Roch Hashana : célébration marquant le Nouvel An du calendrier hébraïque.

Shabbat : de vendredi soir à samedi soir. Jour chômé commémorant le repos du Seigneur après la Création.

Sauna : lieu d'accueil des nouveaux arrivants, où ils sont dénudés, rasés, tatoués.

Séfarades : juifs issus de la diaspora établie dans la Péninsule ibérique et de pays d'Afrique.

Sélection : tri effectué par les médecins nazis à l'arrivée des convois de juifs à Auschwitz et à intervalles réguliers parmi les détenus pour déterminer qui était apte au travail et qui ne l'était pas, donc devait être gazé.

Shoah : destruction ou catastrophe en hébreu. Il s'applique au génocide perpétré par les nazis et leurs alliés contre les juifs. Sa spécificité tient dans la volonté annoncée de faire disparaître complètement un peuple, sa culture, sa religion…

Shtetl : colonie juive caractéristique de la République de Pologne, centre local de services, mais aussi de la communauté sociale et spirituelle.

Solution finale : expression des nazis pour décrire leur système d'élimination physique des juifs. Il s'agissait de leur solution à ce qu'ils considéraient comme le problème juif.

Sonderbehandlung : traitement spécial ou expression codée utilisée par les nazis pour désigner la mise à mort des juifs.

Sonderkommando : commando de déportés chargé de faire disparaître les cadavres des juifs exterminés dans les chambres à gaz. Ils étaient gazés après quelques semaines afin de conserver le secret de la solution finale.

Soukkot : fête des Cabanes.

Sport : gymnastique obligatoire accompagnée de coups, souvent fatals.

SS : *Schutzstaffel* ou échelon de protection, la garde personnelle de Hitler. Elle a compté 250 000 hommes au maximum. La SS était chargée des camps.

Stillstehen : station debout obligatoire, punition qui pouvait durer des heures. Le moindre mouvement entraînait des coups et souvent la mort.

Stubendienst : sous-chef de baraque.

Stück : pièce en français, nom donné aux prisonniers d'un camp de concentration.

Tatouage : les prisonniers juifs étaient marqués à partir de mi-1942 jusqu'au printemps 1943 au bras gauche par les chiffres d'entrée au camp. Ils devenaient ainsi des *Stücke*, des pièces. À partir de 1943, le tatouage se généralisa sauf pour les Allemands du Reich. La numérotation par tatouage concerna à Auschwitz 400 000 personnes, de 22 nationalités différentes. Le numéro tatoué permettait de repérer un prisonnier évadé [1].

Untermensch : sous-homme comprenant les juifs, les Tziganes et les Slaves que l'idéologie nazie accuse de parasitisme à l'égard de la « race supérieure ».

Yiddish : langue juive parlée par les Ashkénazes, issue d'un dialecte germanique.

Yom Kippour : nom officiel de la célébration juive également connue comme le Jour du Grand Pardon.

Zauna : salle de douches dénommées ainsi par des détenues d'Auschwitz.

---

[1] Bovy Daniel, *Dictionnaire de la barbarie nazie et de la Shoah*, p. 68.

Zyklon B : nom donné à l'acide cyanhydrique, puissant insecticide, employé à Auschwitz à partir de juin 1942. Cinq à dix minutes étaient nécessaires pour tuer les hommes, les femmes et les enfants entassés par centaines dans les chambres à gaz.

Chronologie

1914

• Marié à Rondla, née Kristal (05.07.1895-1970), Josef Pinczowsky (26.11.1895-24.02.1945) quitte sa Pologne natale pour s'établir à Karlsbad. Il est d'abord garçon de café avant d'ouvrir après la Première Guerre mondiale (1914-1918) une boucherie, puis un restaurant kasher. Rondla et Josef se sont mariés au début de l'année 1914.

1915

• Naissance le 4 février d'Esther, la grande sœur de Ruth.

1918

• L'indépendance de la Tchécoslovaquie est proclamée le 28 octobre et entérinée par le traité de Saint-Germain-en-Laye moins d'un an plus tard. Elle inclut les territoires des actuelles Tchéquie et Slovaquie ainsi que la Ruthénie subcarpatique qui sera annexée par l'URSS en 1945 (aujourd'hui en Ukraine).

1920

• Adolf Hitler présente le 24 février à Munich le programme du parti des travailleurs allemands (DAP) qui deviendra le NSDAP en août. Il prévoit notamment de retirer aux juifs leur citoyenneté et de les expulser.

1923

• Création du quotidien antisémite *Der Stürmer* à Nuremberg. Son bandeau est évocateur : « Les juifs sont notre malheur ».

• 8-11 novembre : putsch manqué des nazis à Munich. Hitler arrêté et mis en prison. Il en sortira en décembre 1924.

1924

• Naissance de Salomon Fayon.

1926

• Hitler pratique le salut nazi – bras tendu – pour la première fois lors d'un congrès à Weimar.

1927
• Des bandes nazies profanent des cimetières juifs dans toute l'Allemagne.

1928
• Ruth Pinczowsky naît le 25 novembre 1928 à Karlsbad. Ruth est la deuxième fille du couple.

1929
• Naissance de Judith Pinczowsky le 24 décembre.

1930
• En septembre, le parti nazi devient la deuxième formation politique d'Allemagne avec 18 % des voix lors des législatives.

1931
• Le 12 septembre, à la veille du Nouvel An juif, des juifs sont attaqués à leur retour de la synagogue par des nazis.

1932
• Les nazis obtiennent 37,3 % des voix aux élections parlementaires.

1933
• Le 30 janvier, Adolf Hitler, chef du parti national-socialiste, accède au pouvoir en Allemagne. Dès ce moment-là, la situation des juifs des Sudètes tchèques se dégrade à cause des nazis locaux.

• Le Reichstag brûle le 27 février. Le 28 février, le président Hindenburg donne des pouvoirs d'urgence à Hitler qui s'en sert pour liquider les communistes ainsi qu'environ 10 000 opposants. Ils seront envoyés vers une douzaine de camps « sauvages » ouverts principalement par les nazis.

• Le 5 mars, les nazis obtiennent 44 % des sièges au Parlement.

• Ouverture du KL (*Konzentrationslager* – camp de concentration) d'Oranienburg et de Dachau en mars. Sa gestion et son organisation confiées aux SS serviront d'exemple aux autres KL allemands.

• Les premières violences contre les juifs ont lieu en avril : boycottage des magasins juifs pour répondre à la prétendue propagande internationale juive qui inciterait à boycotter économiquement l'Allemagne nazie. Dès le 7 avril, les juifs sont exclus de la fonction publique.

• Autodafé des livres écrits par des juifs le 10 mai.

• Les candidats nazis aux élections obtiennent 93 % des voix.

1934

• Ruth entre à l'école allemande. Elle la quitte l'année suivante pour l'école tchèque.

• Mort du président Hindenburg. Hitler se déclare Führer de l'État allemand et chef des forces armées.

1935

• En avril, les Témoins de Jéhovah sont à leur tour exclus de la fonction publique allemande.

• Le 31 mai, les juifs sont exclus de l'armée allemande.

• Les lois raciales de Nuremberg pour la protection du sang allemand sont édictées le 15 septembre. Les mariages entre juifs et allemands sont interdits. Les juifs perdent leurs droits civiques.

• Deux lois (sur la citoyenneté et sur la protection du sang allemand) définissent qu'est juif celui qui a trois grands-parents juifs ou deux grands-parents juifs et qui se déclare membre de la communauté juive.

1936

• Remilitarisation de la Rhénanie le 7 mars.

• Réorganisation du système concentrationnaire, placé sous la direction de Heinrich Himmler, qui dirige désormais la Gestapo, la SS et la police.

1937

• Mise en service le 9 août du camp de concentration de Buchenwald.

• 5 novembre : Hitler annonce ses plans d'annexion de l'Autriche et d'invasion de la Tchécoslovaquie.

1938

• En mars, annexion de l'Autriche par l'Allemagne.

• Les nazis incendient la grande synagogue de Munich.

• La conférence d'Évian sur les réfugiés allemands a lieu le 5 juillet. Les Occidentaux se refusent à accueillir largement les victimes de la politique d'émigration forcée pratiquée par le Reich.

• 29 et 30 septembre: conférence de Munich où la France et la Grande-Bretagne acceptent de céder le territoire tchèque des Sudètes à l'Allemagne, en l'absence du président tchécoslovaque Edvard Beneš, qui n'a pas été invité. La conférence met fin à la crise des Sudètes et indirectement scelle la mort de la Tchécoslovaquie comme État indépendant.

• Le 1er octobre, les troupes allemandes occupent les Sudètes. Plus de 20 000 autres juifs de la région se sont déjà enfuis.

• 5 octobre: le gouvernement allemand estampille avec un grand «J» rouge les passeports juifs à la demande des autorités suisses.

• Le 7 novembre, Herschel Grynszpan, dont la famille vient d'être déportée de Hanovre vers la Pologne, abat un conseiller de l'ambassade d'Allemagne à Paris. Les nazis en profitent pour organiser la Nuit de Cristal contre les juifs en Allemagne, en Autriche et dans les Sudètes. Dans la nuit du 9 au 10 novembre, des centaines de synagogues sont détruites. Plus de 30 000 hommes juifs sont emprisonnés dans les camps de concentration. Les élèves juifs sont exclus des écoles allemandes quelques jours plus tard.

• Dès le 28 décembre, les juifs du Reich doivent se regrouper dans des habitations imposées.

1939

• En janvier, Hitler annonce qu'une guerre mondiale signifierait l'extermination de la race juive en Europe. «Si la guerre devait éclater, le résultat serait l'extermination des juifs européens», déclare-t-il au Reichstag. Ouverture du KL de Ravensbrück.

• Le 15 mars, Hitler annexe le Protectorat de Bohême-Moravie. Indépendance de la Slovaquie. Esther Pinczowsky quitte la Tchécoslovaquie pour Israël dans un transport illégal.

• Diminuée des Sudètes et d'un tiers de la Slovaquie attribué à la Hongrie, la République tchécoslovaque disparaît le 21 mars 1939 avec la création du Protectorat de Bohême-Moravie.

• Création le 1er août à Prague de la Centrale chargée de l'émigration juive, placée sous la direction de Eichmann.

• Le 23 août, l'URSS et l'Allemagne signent un pacte de non-agression.

• Le 1er septembre, l'Allemagne envahit la Pologne. Début de la Seconde Guerre mondiale le 3, au moment où la France et la Grande-Bretagne déclarent la guerre à l'Allemagne. Les Allemands tuent plusieurs milliers de juifs en Pologne. Premiers ghettos mis en place dès le 21.

• Entre le 2 et le 17 octobre : premières déportations de juifs autrichiens et tchécoslovaques vers la Pologne.

• 6 octobre : Hitler offre la paix à la France et à l'Angleterre à condition qu'elles le laissent réorganiser ethniquement la population européenne à l'aide des déportations et régler le problème juif.

• Premier ghetto juif en Pologne établi à Piotrkow.

• Le 23 novembre, les juifs de Pologne occupée par les Allemands doivent porter l'étoile jaune. Esther Pinczowsky quitte la Tchécoslovaquie pour Israël dans un transport illégal. Elle y arrive en janvier 1940.

1940

• Le ghetto de Varsovie enferme les juifs de la capitale polonaise.

• Construction du camp d'extermination d'Auschwitz-Birkenau au printemps. Arrivée des premiers prisonniers politiques polonais au camp.

• Le 9 avril, l'Allemagne attaque le Danemark et la Norvège.

• Le 10 mai, l'armée allemande envahit la Belgique, le Luxembourg, la Hollande et la France.

• La France capitule le 22 juin.

• Ouverture du ghetto de Varsovie le 16 novembre.

1941

• En juin, l'Allemagne attaque l'URSS. Début du massacre des juifs soviétiques par les *Einsatzgruppen*.

• Le 31 juillet, Goering demande par écrit à Heydrich de trouver « une solution globale de la question juive dans la zone d'influence européenne sous forme d'évacuation ».

• Août : premier transport vers Theresienstadt.

• En septembre, le gaz zyklon B est utilisé pour la première fois à Auschwitz sur 900 prisonniers soviétiques. Dès le 1er, les juifs tchèques doivent porter l'étoile jaune. Ils sont interdits de commerce. Interdiction aussi de quitter la commune où ils résident sans autorisation écrite de la police. Début des déportations massives vers l'est. Les célébrations religieuses sont interdites et les synagogues fermées. Le 27, Heydrich devient protecteur de Bohême-Moravie. Le 29, les *Einsatzgruppen* massacrent 33 700 juifs à Babi Yar, près de Kiev.

• Le 10 octobre, au cours de la conférence sur la solution finale de la question juive, il est dit que les juifs ne seront pas autorisés à rester dans le Reich. Ils doivent être déportés vers les zones opérationnelles réservées aux communistes, les zones où les *Einsatzgruppen* exterminent les communistes[2].

• Le premier transport de juifs pragois vers le ghetto de Lodz a lieu le 16 octobre. 1 000 personnes en font partie. La plupart sont liquidées à leur arrivée.

• 16 novembre : Goebbels écrit dans *Das Reich*, hebdomadaire dont il est le rédacteur en chef : « Nous sommes en ce moment précis les témoins de l'accomplissement de cette prophétie... La juiverie est en train de subir l'annihilation graduelle qu'elle nous destinait. »[3] Deux jours plus tard, Alfred Rosenberg, ministre du Reich pour les territoires de l'Est, qui a parlé avec Hitler de la question, explique à la presse allemande comment elle doit relater les massacres de masse à l'Est. « Ces territoires de l'Est sont amenés à résoudre la question qui se pose aux peuples d'Europe : c'est-à-dire la question juive. À l'Est, environ six millions de juifs vivent encore, et cette question ne peut être résolue que par l'éradication biologique de la juiverie en Europe. La question juive ne sera résolue en Allemagne que lorsque le dernier juif aura quitté le territoire allemand, et en Europe que lorsque plus un seul juif ne vivra sur le continent européen jusqu'à l'Oural. C'est la tâche que le destin nous impose. Il est nécessaire de les expulser au-delà de l'Oural ou de les éradiquer par un autre moyen. »[4]

• Premier transport vers le ghetto de Theresienstadt le 24 novembre.

• En décembre, le camp d'extermination de Chelmno commence à fonctionner avec des camions à gaz dont les premiers tests remontent au 2 novembre. Les USA entrent en guerre après l'attaque de Pearl Harbour le 7 décembre. Le 12, Hitler rencontrent les *Gauleiter* (responsables d'un territoire administratif nazi) et

---

[2] BOVY Daniel, *Dictionnaire de la barbarie nazie et de la Shoah*, p. 70.

[3] BOVY Daniel, *Dictionnaire de la barbarie nazie et de la Shoah*, p. 71.

[4] BOVY Daniel, *Dictionnaire de la barbarie nazie et de la Shoah*, p. 77.

les *Reichleiter* (les plus hauts dignitaires nazis). Goebbels écrit le lendemain que « la guerre mondiale est là, la destruction des juifs doit en être la conséquence nécessaire. Cette question est à considérer sans aucune sentimentalité. Nous ne sommes pas là pour éprouver de la pitié pour les juifs, mais uniquement pour notre peuple allemand. »[5]

1942

• En janvier, les chambres à gaz d'Auschwitz entrent en fonction alors que, le 20, la conférence de Wannsee, près de Berlin, fixe l'organisation de la solution finale de la question juive. La réunion couche sur le papier le nombre de juifs à traiter.

• Début de l'opération Reinhard : ouverture des camps de la mort de Belzec (février-mars), de Sobibor (mai) et de Treblinka (juillet). Plus de 1,5 million de juifs y seront massacrés.

• 26 avril : en s'attribuant les fonctions de juge suprême, Hitler centralise les trois pouvoirs législatif, exécutif et judiciaire : il devient dictateur absolu.

• Heydrich est abattu le 27 mai à Prague par des agents anglais. Le village de Lidice est rasé en représailles. Les hommes du village sont fusillés, les femmes déportées et les enfants germanisés. Seuls 17 d'entre eux survivront.

• Gerhart Riegner, représentant du Congrès juif mondial en Suisse, alerte en août le nonce apostolique à Berne, puis Londres, Washington et le comité international de la Croix-Rouge de l'extermination des juifs. Le 1er juillet, Radio Londres dénonce le massacre des juifs polonais et l'existence de chambres à gaz.

• En juillet a lieu la première sélection à Auschwitz parmi un convoi de juifs slovaques.

• La famille Pinczowsky est déportée à Theresienstadt le 10 août.

• Le ministre des Affaires extérieures britannique déclare le 17 décembre que le crime contre les juifs ne doit pas rester impuni[6].

---

[5] BOVY Daniel, *Dictionnaire de la barbarie nazie et de la Shoah*, p. 71.

[6] BOVY Daniel, *Dictionnaire de la barbarie nazie et de la Shoah*, p. 71.

1943

• L'armée allemande capitule devant Stalingrad en février. Début de la fin pour l'Allemagne.

• 23 février : généralisation du tatouage d'un numéro d'identification à Auschwitz.

• Mars : liquidation des ghettos de Cracovie, Lodz, Minsk, Vilno, Riga.

• Le ghetto de Varsovie se révolte du 19 avril au 8 mai. Il est rasé. Le camp de prisonniers de Bergen-Belsen se transforme en camp de concentration le 30 avril.

• Le 11 juin, Himmler ordonne la liquidation de tous les ghettos situés à l'Est. Un mois plus tard, il interdit toute mention publique de la solution finale.

• Débarquement allié en Sicile le 10 juillet. Renvoi de Mussolini par le roi d'Italie le 25 juillet.

• Création du *Familienlager* à Auschwitz en septembre.

• Départ le 15 décembre de la famille Pinczowsky pour Auschwitz. Leurs numéros de prisonniers sont le 71501 pour Rondla, le 71502 pour Judith, le 71503 pour Ruth et le 108685 pour Josef.

1944

• Déportation des juifs hongrois dès la fin avril.

• Débarquement allié en Normandie le 6 juin. Le 23 juin, le territoire soviétique est entièrement libéré.

• Ruth quitte Auschwitz le 5 juillet 1944 quelques jours avant que le *Familienlager* soit liquidé (10 juillet, 7 000 morts). Direction Hambourg qu'elle atteint vers le 16 ou 17 juillet. Comme 1 500 autres prisonniers, elle est incarcérée dans le dépôt G du port franc, le «Dessauer Ufer». Il s'agit d'un camp extérieur du KZ Neuengamme.

• 20 juillet : échec de l'attentat contre Hitler.

• Le 27 juillet, le camp de Majdanek, près de Lublin, vidé de ses détenus, est découvert par l'Armée rouge.

• Libération de Paris entre le 19 et le 25 août.

• Le 13 septembre, Ruth, Rondla et Judith Pinczowsky sont déplacées dans le camp de Neugraben, dans la banlieue de Hambourg.

• Novembre : arrêt des gazages à Auschwitz. Les chambres à gaz sont détruites sur ordre d'Himmler.

1945

• Évacuation le 21 janvier du camp de Blechhammer, sous-camp d'Auschwitz, où se trouve probablement Josef Pinczowsky. Il arrive au camp de Gross Rosen le 2 février.

• 27 janvier, libération du camp d'Auschwitz et de ses 7 000 détenus par les Soviétiques. Les troupes occidentales libèrent les camps de Buchenwald et, peu après, ceux de Bergen-Belsen et de Dachau.

• Le camp de Neugraben est fermé le 18 février. Ruth, Rondla et Judith Pinczowsky le quittent vraisemblablement 10 jours plus tôt pour celui de Tiefstack, dans le port de Hambourg.

• Josef, qui porte le numéro 125537 à Buchenwald, meurt le 24 février dans le petit camp où il est arrivé le 10 février.

• Ruth, Rondla et Judith Pinczowsky quittent le camp de Tiefstack entre le 5 et le 7 avril. Elles sont déportées en train à Bergen-Belsen où elles arrivent le 11 avril.

• Bergen-Belsen est libéré le 15 avril par les Anglais.

• Hitler se suicide le 30 avril.

• Le 3 mai 1945, le contrôle de Theresienstadt est transféré par les Allemands à la Croix-Rouge. L'Armée rouge y pénètre le 8 mai.

• 8 mai, capitulation de l'Allemagne.

• Rondla, Ruth et Judith Pinczowsky rentrent en juillet à Prague, puis vont à Karlsbad afin de retrouver Josef. Des survivants leur annoncent qu'il est mort le 24 février 1945.

• Capitulation du Japon le 14 août.

• 22 novembre, début du procès de Nuremberg où les responsables de la solution finale sont jugés.

1946

• 1er octobre : le tribunal militaire international de Nuremberg, qui siège depuis novembre 1945, prononce 12 condamnations à mort, sept peines de détention et trois acquittements à l'encontre des dirigeants nazis.

1947
• Judith Pinczowsky s'en va en Israël.

1948
• Les communistes prennent le pouvoir le 25 février 1948 en Tchécoslovaquie.
• 14 mai : naissance de l'État d'Israël.

1949
• Départ pour Israël de Rondla et Ruth Pinczowsky.

1952
• Service militaire de Ruth Pinczowsky dans l'armée israélienne jusqu'en 1954.

1956
• Mariage de Ruth Pinczowsky avec Salomon Fayon à Istanbul.

1959
• Naissance d'Ilana à Genève, où le couple Fayon s'est établi.

1962
• Naissance de Luc et Sam.

1970
• Décès en septembre de Rondla Pinczowsky à Tel Aviv.

1983
• Décès d'Esther

1992
• Décès de Salomon Fayon.

2003
• Ruth Fayon reçoit le prix Scopus de l'Université hébraïque de Jérusalem.

2006
• Ruth Fayon reçoit le 16 mai la Médaille du Mérite de Genève.
• Elle reçoit le 17 octobre les Insignes de Chevalier de l'Ordre National de la Légion d'Honneur française à Genève.

2010
• Ruth Fayon décède le 31 octobre.

BIBLIOGRAPHIE

ARCHIVES CONSULTÉES

Bergen-Belsen : liste des déportés.

Buchenwald : Thüringisches Hauptstaatsarchiv Weimar, NS 4 Bu Häftlingsnummernkartei.

Gross-Rosen : cartothèque du camp.

Service international de recherches, Bad Arolsen : dossier T/D 458935 (Ruth), T/D 458934 (Rondla), T/D 534891 (Josef).

Neuengamme : The national Archives, Public Record Office, copie des dossiers WO 235/122 et WO 309/874.

INTERVIEWS DE SURVIVANTS

Edith Kraus (Prague, Tchéquie, décembre 2006), Dagmar Lieblova (Prague, Tchéquie), décembre 2006), Sigmund Toman (Vevey, Suisse, mars 2007), Ruth Elias (Beth Jitzchak, Israël, novembre 2007), Judith Jaegerman (Ramat Gan, Israël, novembre 2007).

OUVRAGES

BELINA Pavel, PETR Cornej et JIRI Pokorny, *Histoire des pays tchèques*, Paris : Éditions du Seuil, 1995, 510 pages.

BENSOUSSAN Georges, *Auschwitz en héritage ? D'un bon usage de la mémoire*, Paris : Mille et une nuits, 2003.

BENZ Wolfang et DISTEL Barbara, *Der Ort des Terrors, Geschichte der nationalsozialistischen Konzentrationslager*, Band 5, Munich : Éditions C.H. Beck, 2007, 591 pages.

BERLER Willy, *Itinéraire dans les ténèbres*, Paris : L'Harmattan, 1999, 293 pages.

BERNADAC Christian, *La Libération des camps racontée par ceux qui l'ont vécue*, Paris : Éditions France-Empire, 587 pages.

BOCK Gisela (dir.), *Genozid und Geschlecht, jüdische Frauen im nationalsozialistischen Lagersystem*, Frankfurt/New York : Campus Verlag, 2005, 276 pages.

BODER David P., *Je n'ai pas interrogé les morts*, Paris: Éditions Tallandier, 2006, 372 pages.

BONDY Ruth, *Mehr Glück als Verstand, eine Autobiographie*, Gerlingen: Bleicher Verlag, 1999, 320 pages.

BOR Joseph, *Le Requiem de Terezin*, Paris: Éditions du Sonneur, 2005, 124 pages.

BOVY Daniel, *Dictionnaire de la barbarie nazie et de la Shoah*, Bruxelles: Éditions Luc Pire, 2007, 449 pages.

BRAYARD Florent, *La «solution finale de la question juive», la technique, le temps et les catégories de la décision*, Paris: Fayard, 2004, 650 pages.

BRUNETEAU Bernard, *Le siècle des génocides*, Paris: Armand Colin, 2004, 254 pages.

BURRIN Philippe, *Hitler et les juifs, Genèse d'un génocide*, Paris: Le Seuil, 1989, 200 pages.

CABANES Bruno et HUSSON Édouard, *Les sociétés en guerre, 1911-1946*, Paris: Armand Colin, 2003, 286 pages.

CALVI Fabrizio, *Pacte avec le diable, les USA, la Shoah et les nazis*, Paris: Albin Michel, 2005, 380 pages.

EICHENGREEN Lucille, *Frauen und Holocaust, Erlebnisse, erinnerungen und Erzähltes*, Bremen: Donat Verlag, 2004, 95 pages.

EICHENGREEN Lucille, *Von Asche zum Leben*, Bremen: Donat Verlag, 2005, 238 pages.

ELIAS Ruth, *Die Hoffnung erhielt mich am Leben*, Munich: Piper, 2006, 352 pages.

FRIEDLÄNDER Saul, *Les années de persécution, l'Allemagne nazie et les juifs (1933-1939)*, Paris: Seuil, 2008, 529 pages.

FRIEDLÄNDER Saul, *Les années d'extermination, l'Allemagne nazie et les juifs (1939-1945)*, Paris: Seuil, 2008, 1028 pages.

GARBARZ Moshè et Elie, *Un survivant, Auschwitz-Birkenau-Buchenwald 1942-1945*, Paris: Éditions Ramsay, 2006, 316 pages.

GILBERT Martin, *Atlas de la Shoah*, La Tour d'Aigues: Éditions de l'Aube, 2005, 262 pages.

GINZ Peter, *Prager Tagbuch (1941-1942)*, Berlin: Berlin Verlag, 2006, 191 pages.

GOLDSTEIN Madeleine, *On se retrouvera*, Paris : L'Archipel, 2006, 228 pages.

GRADOWSKI Zalmen, *Au cœur de l'enfer*, Paris : Éditions Tallandier, 2009, 239 pages.

GREENFIELD Hana, *Fragments of memory, from Kolin to Jerusalem*, Jerusalem : Gefen Publishing House, 1998, 110 pages.

HAHN Karl Josef, *Kristallnacht in Karlsbad*, Prague : Vitalis Verlag, 1998, 108 pages.

Hefte von Auschwitz, N° 10, 1967.

HERKOMMER Christina, *Frauen im Nationalsozialismus, Opfer oder Täterinnen*, Munich : Martin Meidenbauer, 2005, 90 pages.

HILBERG Raul, *La destruction des juifs d'Europe*, Paris : Fayard, 1988, 1099 pages.

JAEGERMANN Judith, *My childhood in the holocaust*, Jérusalem : Mazo Publishers, 2004, 60 pages.

JAEGERMANN Judith, *Erinnerungen*, texte manuscrit, 1985, 16 pages.

KARAS Joza, *La musique à Terezin*, Paris : Gallimard, 1993, 240 pages.

KARNY Miroslav, « Das Theresienstädter Familienlager in Birkenau », in *Hefte von Auschwitz* N° 20, 1997, Verlag Staatliches Auschwitz Museum, pp. 133-237.

KERSTEN Arno et AMARA Emmanuel, *Le dernier des justes*, Paris : Éditions Patrick Robin, 2006, 222 pages.

KLÜGER Ruth, *Refus de témoigner*, Paris : Éditions Viviane Hamy, 1997, 315 pages.

KOLB Eberhard, *Bergen-Belsen de 1943 à 1945*, Göttingen : Vandenhoeck & Ruprecht, 1985 (2ᵉ édition), 174 pages.

KOTEK Joël et RIGOULOT Pierre, *Le siècle des camps*, Paris : J.-C. Lattès, 2000, 804 pages.

KRAUS Otto. B., *The painted wall*, Jihlava : Dita Kraus, 2006, 216 pages.

LANZMANN Claude, *Shoah*, Paris : Gallimard, 1985, 285 pages.

L'album d'Auschwitz, Paris : Éditions Al Dante et Fondation pour la mémoire de la Shoah, 2005, 151 pages.

MIQUEL Pierre, *Le piège de Munich*, Paris: Éditions Denoël, 1998, 234 pages.

MINCZELES Henri, *Une histoire des juifs de Pologne, religion, culture, politique*, Paris: La Découverte, 2006, 370 pages.

Paroles de déportés, Paris: Éditions Bartillat, 2005, 301 pages.

RICHARD Lionel, *Nazisme et barbarie*, Bruxelles: Éditions Complexe, 2006, 304 pages.

SCHULTZ Karl-Heinz, «Das KZ-Aussenlager Neugraben», in *Harburg. Von der Burg zur Industriestadt. Beiträge zur Geschichte Harburgs*, Hambourg: Ed. Christians, 1988, 524 pages.

SELLIER André et Jean, *Atlas des peuples d'Europe centrale*, Paris: La Découverte, 1995, 200 pages.

SHEPHARD Ben, *After Daybreak, the liberation of Belsen*, London: Jonathan Cape, 2005, 260 pages.

SILVAIN Gérard et KOTEK Joël, *La carte postale antisémite, de l'affaire Dreyfus à la Shoah*, Paris: Berg international Éditeur, 2005, 317 pages.

Theresienstädter Studien und Dokumente 1999, 2000 et 2001, Prague: Éditions Academia et Institut Theresienstädter Initiative.

TOMAN Sigmund, avec HONSBERGER Michèle et MOURON Martine, *« Vous, vous savez, mais moi je ne sais pas », Questions à un survivant de la Shoah*, Neuchâtel: Éditions Delibreo, 2008, 190 pages.

VIDAL Dominique, *Les historiens allemands relisent la Shoah*, Bruxelles: Éditions Complexe, 2002, 288 pages.

VRBA Rudolf avec BESTIC Alan, *Je me suis évadé d'Auschwitz*, Paris: Éditions J'ai lu, 2004, 410 pages.

WACHMAN Gabriel et GOLDENBERG Daniel, *Évadé du Vél' d'hiv*, Paris: Calmann-Lévy, 2006, 148 pages.

WAJSBLAT Jo et LAMBERT Gilles, *Le témoin imprévu*, Paris: Éditions J'ai lu, 2005, 188 pages.

WIEVIORKA Annette (dir.), *Auschwitz, la solution finale, ouvrage collectif*, Paris: Editions Tallandier 2005, 306 pages.

WIEVIORKA Annette, *Auschwitz, 60 ans après*, Paris: Robert Laffont, 2005, 286 pages.

WISARD François, *Les Justes suisses, Des actes de courage méconnus au temps de la Shoah*, Genève: CICAD, 2008, 116 pages.

TABLE DES MATIÈRES

Achevé d'imprimer
en janvier 2013
aux Editions Alphil

Responsable de production : Alain Cortat
Graphisme et mise en page : www.nusbaumer.ch